「いい恋」「いい愛」と生きる幸せの心得

「六波羅蜜《ろくはらみつ》」が導いてくれます!

露《つゆ》の団姫《まるこ》

文芸社

まえがき　………「女」で不幸にならないために

「なんで女に生まれてきてしまったんだろう」

　思春期。世の中のことが少しずつ分かり始めてきた私は、「女性」であることに苦痛を感じていました。時代錯誤な男女差別はもちろん、社会システムや誰が作ったのかも分からない因習によって不利益を受けること、そしてなにより「恋愛」や「結婚」も「女の幸せ」とはいいながらも「いつも恋愛や結婚で泣かされているのは女性ではないか。なぜ女性ばかりがこんなにも苦しまなくてはいけないのか」と真剣に悩んだものです。

　女性というのは、今も昔も、「生きづらい状況」に追い込まれがちな不利な性です。そして実は、私たちはそれに加えて「私は女だから」と知らず知らずのうちに自分自身をも追い込んでしまっています。

　しかし、私たちは母親の胎内において「女性に生まれたい」と思って女性に生まれたわけではありませんし、男性においても「男性に生まれたい」と願って男性に生まれた人は一人もいないわけです。つまり、性別とは自分では変えようのない不可抗力なものです。ですから、その性別において「幸」「不幸」が決まっていいはずがありません。

本書では、私たちが「女性」という性別によって、恋愛や結婚で苦しまないためにはどうしたらいいのか、仏教の智慧《ちえ》を拝借し、「女らしく」をやめて「自分らしく」生きる勇気と智慧を身につけ、真のパートナーを見つける手立てを現実的に考えていき、「幸せ」を目指します。ある意味、今までの「恋愛本」とは逆行する内容ですが、私は、皆さんに自信を持ってお伝えしていきます。

仏教は、すべての人が幸せになれる教えです。そしてその仏様の掌《てのひら》からは、ひとりもこぼれることはありません。

80歳、皺々《しわしわ》のおばあちゃんになったとき、あなたはお孫さんになんと言いますか？

「女で良かった」

「女で損をした」

こんな言葉はいりません。

「自分が自分らしく生きられて良かった」
そう言えるような人生にして、仕事も恋愛も結婚も謳歌しようではありませんか。
「女らしい生き方」は「あなた」を幸せにすることはありません。
でも、「自分らしい生き方」をすれば、必ずや幸せをつかむことができるでしょう。

【〝女〟で不幸にならない6つの心得】

このメッセージをお伝えする私は、落語家兼お坊さんという変わった肩書きの持ち主ですが、
私生活では夫がひとり（しかも洗礼を受けているクリスチャン！）、子どもがひとりの3人家族。
みなさんと同じように涙の失恋、心温まる愛も経験してきたひとりの女性です。

悔しい思いはもうしない！
涙の数は無駄にはしない！

そのためには、努力や忍耐も必要です。

本書は仏教の「六波羅蜜（布施・持戒・忍辱・精進・禅定・智慧）」と呼ばれる「幸せになる

ための6つの努力の教え」をもとに、恋愛、結婚、出産、DV、中絶といった、かなり切り込んだテーマまで、赤裸々に語り、考えていきます。

あなたは、幸せになるために生まれてきました。

さあ、力強く、恋も仕事もあなたらしく踏み出しましょう！

平成28年9月

露の団姫

目次

第3章 幸せになれる教え「六波羅蜜」その③…忍辱《にんにく》

今、耐え忍ぶことは、幸せな未来のための時間

第1章　幸せになれる教え「六波羅蜜」その①…布施《ふせ》

「損か得か」を忘れて、人を思う気持ちを育てる

布施①　「愛する人のため」の本当の意味

あなたは「尽くす派」？　「尽くされたい派」？

「ねえねえ、A子は彼氏には尽くしたい派？　それとも尽くされたい派？」

お腹ペコペコで飛び込んだレストラン。隣の席で、女子大生風の女性が二人、恋の話をしていました。

聞かれたA子さんが答えます。

「私は、尽くしたいほうかな。好きになったら何でもしてあげたくなっちゃうんだよね。料理も洗濯もがんばって、結婚して彼の赤ちゃん産みたい!!」

もう一人の女性が反論します。

「そんなの絶対ヤダ！　どうして女ばかりがそんなことしなきゃいけないの？　不公平。私は尽くされたい。だって尽くされているほうが楽じゃん」

そこからは〝尽くしたい派〟と〝尽くされたい派〟の大バトル。私は早々にオムライスを平らげると席を立ちました。

誰もが一度くらいはする恋愛話ですが、この国では昔から、他者に「尽くす」ことが美徳とされ、その反対に「尽くされたい」と願うことは、ワガママ、身勝手、自分本位としばしば批判の対象となることもあるのです。

そもそも人と人との関係なのですから、どちらに偏ることもなく、尽くしたり、尽くされたり……もっと気楽にいけばいいと思うのですが……。

そこで尽くしたいと思う人も、尽くされたいと願っている人にも聞いてほしいのです。

実は、上手に恋愛のできる考え方というものがあるのです。

それこそがお釈迦様が広めた仏教の教えです。はるか二千五百年も昔に、お釈迦様は人間はどう生きるべきかを考えました。大変悩んだり苦しんだりした挙げ句、後の世の人にたくさんの教えを残してくださいました。それが仏教です。

その教えのなかには、現代に生きる若い女性たちの恋の悩みを解決してくれる智慧もたくさんあったのです。

人を好きになれば、自分のことも好きになってもらいたい。尽くしたら尽くされたい。尽くされたら、その倍返しで尽くしてあげたい……誰もが自然に思うことです。それが愛情の基本ともいえます。

では「尽くしたい派」「尽くされたい派」でバトルを展開していた二人の女性はどうしたらよかったのでしょうか。

お釈迦様が教えてくれます。

喜んで捨てることができますか？

仏教には「布施」という教えがあります。

お坊さんによっては、「仏教は布施に始まり布施に終わる」という方がおられるくらい、布施は仏教の基本となる教えです。ところが、この「布施」の教えを自己流に解釈してしまうと、人間関係においては誤解を生じかねません。

まず「布施」と聞くと、たいていの人はこういうのではないでしょうか。

「お葬式のときにお坊さんに支払う料金のことでしょ」

たしかにその布施も布施ですが、本来、布施とはお金に限ったことではないのです。そもそもお葬式のお布施ですら、〝料金設定〟がされているわけでもなく、労働で布施をする方もいらっしゃいます。「お渡しする」のではなく、すすんでするものなのです。

もともと「布施」の意味は、その文字のとおり、お坊さんに「布」を「施す」ということがはじまりでした。お坊さんは人々からいただいた布から衣を繕い、それを身にまとっていたのです。

文化勲章を受章した仏教学者の中村元先生（一九一二～一九九九）は「布施」についてこう述べられています。

「信者が僧に財物を施すことも、僧が食を受けてこれに報いるために法を説くことも、ともに布施である。前者を財施、後者を法施という」

つまり、布施とはお金だけではないといっているのです。**食べ物はもちろん、電車のなかで妊婦さんやお年寄りに席を譲ってあげたり、悩んでいる友だちの相談に耳を傾けることといった、金銭的なことだけでなく、自らの体を使ってできる行いもまた、立派な「布施」のひとつなのです。**

そう考えると、私利私欲、いつか自分のためになると考えて相手に物品を送ったりすることは、あまり褒められた行為とはいえないのがわかります。

また『布施』は「喜捨」ともいえます。読んで字のとおり〝喜んで捨てる〟という意味です。

愛とは、相手の身になってどれだけ考えることができるか、ということ。

好きな人に喜んで捨てることのできる布を心の中に持っていれば、そこからあたたかな愛ははじまります。

布施② 「あの人のために」が間違っていないか

「NO!」という勇気がありますか

恋人ができると、嬉しそうに相手の言うことを何でも聞いてしまう人がいます。それを〝尽くす〟ことだと思っている人が多いようです。

しかし、それは違います。仏教の布施の観点からすると、要求されるものに何でも応じるのは布施ではありません。正しい布施とは、その人にとって本当に必要なものは何かを考えることからはじめなければなりません。

恋愛の話からちょっとそれます。

「金に困っているから、金を送ってくれ」

私が開設しているお悩み相談のメールボックスに、たまにこんなメールが舞い込んできます。

メールの送り手は、お坊さんなら困っている人を助けるのは当然なので、お金をすぐに送金してくれるとでも思っているのでしょうか。

もちろん、私は決してその方に対してお金を送ることはありません。メールの内容を吟味して、「何とかしなければ」と私が思ったとします。そんなときはお米や野菜、お菓子など、食料を送らせていただきます。

この食料を買うお金は、私が落語をしていただいた出演料の中から捻出されるものです。「それなら、お金をそのまま送っても同じだろう」と思われる方もいるかもしれません。しかし、そんなことは絶対にしないことにしています。

なぜなら「食料を送れば、その方はその食料で命を繋ぎながら次の就職活動をすることができるかもしれない」と考えるからです。

でも、お金を送ってしまったら、ついつい他のことに遣ってしまうかもしれません。お金はその場かぎり、刹那的な使い方をされてしまう可能性があります。

また、最悪のケースだって考えられます。

「働かなくても、団姫にメールをすればお金を送ってくれる」

もし、相手がそう考えたとしたら、この人が陥っている困難からきちんと抜け出すことはできません。ちゃんと働いてお金を稼ごうという姿勢は生まれません。

「お金を送ってくれといったのに、何で食べ物なんだ！」

と、単純に逆ギレする人もいます。

仏教のご縁というのはその場しのぎのものではありません。「その人の人生にとって、どういう救い方がいちばんいいのか」と考えることです。ですから、ここで相手から逆ギレされても私は動じません。

「ああ、もともとこの人はウソをついている。お金だけが目当てで、食べることに困っていたわけではないんだな」と。

決してイジワルで食べ物を送るわけではありません。「お金を送らずに、食料を送る」という選択は、私がその人の次のステップ、次の就職活動のサポートをするための布施なのです。

話を戻しましょう。恋愛関係においても同じことがいえます。

彼がどんなに苦境にあるからといって、その場かぎりの付け焼き刃的な救いの手を差し伸べることが、彼を救うことにはなりません。

「上司が気にいらないから、会社を辞める」「いいから黙って、金を貸してくれ」

思いつきのような一時の感情からの決断や命令に対して、ただ好きだからといって、言われるがまま従うことは決して「布施」ではありません。ただ相手の迷いやわがままに流されているだけなのです。

これは相手の苦境の元を断つことにはなりません。相手のことを思えばこそ、NO！ということも時には大切なのです。「良薬は口に苦し」です。

布施はいつでも甘いものとはかぎりません。

「ボランティアで……」は布施の勘違い

そうそう、相手の要求にそのまま答えることは、相手のためにならないだけでなく、自分の値打ちも落としてしまうことがあります。

たとえば私は落語家ですから、一席おうかがいを立てると、大なり小なり必ず出演料、いわゆるギャラが発生します。しかし、ときには「ボランティア」で落語をするときもあります。たとえば被災地の慰問などです。

私自身、その趣旨に賛同できれば、自主的に進んでお手伝いしたいと思っています。

英語の「volunteer」とは、もともとは「志願兵」という意味です。自分の意志で兵士として戦争に参加した兵士のことです。そこから、やがて自主的に社会活動や奉仕活動をする人という意味になったのです。

しかし、「ボランティア」という言葉の意味を勘違いしている人が結構います。

まずは、主催者側の問題です。

「これはボランティアということで、ノーギャラでお願いします」

事務所へ電話をかけてきて平気でそういうイベントの主催者がいます。しかし、ボランティアは自らの気持ちで進んで行うもの。主催者、依頼者の気持ちは関係ありません。私は、このようなご依頼には決して応じることはありません。なぜなら、このような依頼は相手への強要であり、場合によっては、ただのギャラの値切り交渉です。これに一度応じてしまうと、相手はさらに強要の姿勢を強めてきます。

「あの人はボランティアで落語をしにきてくれたから、これからもずっとボランティアできてもらおう」

そんな風に、芸人を便利使いしはじめます。結果、自分自身の値打ちを落としてしまうことにもなりかねません。私自身、お金に執着しているわけではありません。しかし、私はプロの落語家です。それは仕事であり、生活の糧です。そのことを忘れてもらっては困ります。

芸人の側にも問題がないとはいえません。芸人自体にもボランティアとは何かを考えてもらわなければいけないことがあります。イベントの趣旨に賛同して、ボランティアで芸をするのは基本的にはいいことです。しかし、相手が望んでいないのに、無理やり「ボランティアで芸をさせてもらいます」などといって、ステージを用意させるような人もいます。ボランティアの意味を間違えているのは、主催者ばかりではないようです。

布施とは、強要されて従うものでもなければ、相手に押し付けるものでもありません。あなたが彼に対して「尽くしている」と思っていた「布施の行い」は、本当に布施でしょうか？あなた自身の自主的な意志から生まれたものでしょうか？

自主性のない、あるいは覚悟のない「布施」は、ただ相手の欲望をますます増長させることになり、あなた自身を単なる「便利な女性」にするだけでなく、あなた自身の価値をも落としてしまうものなのです。

相手にとって本当に必要なことは何か、それに対し自分はどうするのが相手のためになるのか、そう考えた上での行動が、本当の愛であり、二人の絆を強くしていくものだと思います。

ウサギになって、どうするの？

「ぼくのベイビー」「ぼくのかわいこちゃん」なんて、ちょっと古い話ですが、世の中には、特に恋愛においては女性を呼ぶのにいろいろな呼び方、言いまわしがあるものです。最近ビックリしたのは「ウサギちゃん」という呼び方もあること。

正直なハナシ、私はこのいずれの呼び方も女性が小馬鹿にされているようで、とても不愉快です。

インターネットで「ウサギちゃん」を検索すると出てくる、出てくる。「彼のウサギちゃんになるコツ」だとか「ウサギ系女子になる」とか、そのテのサイトがいくらでもあるのです。どうやら「ウサギちゃん」がモテはやされる背景には、ウサギちゃん的な女性を求める男がいて、ウサギちゃんになりたがる女性がいるという現実があるらしいのです。

でも、多くの女性はこの現実にはとても危険な罠が潜んでいるということに気づいていないようです。というのも、「ウサギちゃんになる」ということはハッキリ言えば、「男性に媚びを売る女性」になるだけのこと。一時は彼から愛情を受けることができるかもしれませんが、それは見せかけの愛情でしかありません。

人生トータルで考えてみれば、ウサギちゃんになることがいかに無駄な努力であるか、お分かりいただけるでしょう。

（とはいいつつ、100歳になってもウサギちゃんのフリのできる、自称「かわいこちゃん」と、それに気づかない幸せな思考回路の男性とのカップルなら別ですが。）

だから私は、「ウサギちゃん」のフリをしている女性を見ると、こう言いたくなってしまうのです。

「あなたはウサギちゃんなんかじゃない。相手にとって、たった一瞬お腹を満たすだけの〝人参〟ですよ！」

いくら好きな彼氏だからといって、身も心も差し出してしまうのはどうでしょう。お釈迦様が「布施」の心を持てとおっしゃられたからといっても、あなたは彼氏に食べられるだけの「人参」なんかじゃないということなのです。

あなたはホンモノのウサギちゃんになれますか？

でも、それでもウサギちゃんになりたい、一度くらい恋に溺れたウサギになりたいという女性のために、ここで「ホンマもんのウサギ」をご紹介しましょう。どうせなるなら「ホンマもん」になってください。それが幸せをつかむコツです。

では、ホンマもんのウサギはどこにいるのでしょう。それはお経の中に隠れています。

仏教をひらかれたお釈迦様は、今から二千五百年前の方ですが、実はお釈迦様はお釈迦様としてお生まれになる前に、いろいろな前世を経験されています。仏教ではそのお釈迦様のあらゆる前世のお話を「ジャータカ物語」と呼びますが、その中にウサギのお話があるのです。

ある森に、猿とキツネとカワウソとウサギが住んでいました。この4匹はとても仲が良く、なかでもウサギは日頃から布施の行いをよくし、またその大切さを仲間に伝えていました。

あるときこの森へヨレヨレのお坊さんがやってきました。疲労困憊《ひろうこんぱい》のお坊さんを見て、これは大変だと思った4匹はすぐに食べ物を探しに行きました。

猿は木に登り果物を取ってきました。キツネは肉を持ってきました。カワウソも魚を捕ってきましたが、季節がらウサギだけが何も施せるものがありません。

そこでウサギはお坊さんの前へ進み出ると、こういったのです。

「私にはあなたに施せる食べ物が何もありません。だからどうぞ、私の体を食べてください」

そして、ウサギは焚火の中に飛び込んだのです。しかし、このウサギは死ぬことはありませんでした。なぜなら、このヨレヨレのお坊さんは実は人間ではなく、帝釈天という神様だったのです。帝釈天は日頃ウサギが仲間たちに説いている布施の心を試すため、お坊さんに姿を変えてこの動物たちの前に姿をあらわしたのです。

このウサギの本心からの「布施」の行いに帝釈天がたいそう感心したことはいうまでもありません。そして、そのご褒美にと帝釈天は、このウサギを月に住まわせるようにしたのです。

だから今でも満月になると、その美しい光の中にウサギが宿るといわれているのです。

これがご存じ「月に行ったウサギ」のお話です。このお話は、現在では昔話としても親しまれていますね。


「長者の万灯より貧者の一灯」という有名なことわざがあります。

お金持ちの100万円よりも、貧しい人の100円のほうがよっぽど尊い布施である、ということです。つまり、金額の多い少ないは問題ではないのだと……。

でも、ここでひとつ、あのウサギのことを考えてみてください。

ヨレヨレのお坊さんに姿を変えた帝釈天に、それぞれの形で食べ物を与えた猿やキツネやカワウソは、それはそれで立派なのですが、焚火のなかに「私を食べて」と身を投げたウサギ……。

私は、このお話を最初に聞いたとき「自己犠牲」という言葉を思い浮かべました。困っている人がいたとき、自らの身を投げ出してでも助けにいくという行い。

十数年前に、駅のホームから線路に誤って転落した日本人を助けようとした韓国人の留学生が、走ってきた電車にはねられて亡くなるという事件がありました。

世の中には、自らの命も顧《かえり》みず他者のために命を投げ出す人がいるのです。

「あなたは愛する人のために死ねますか？」

「布施」は、私たちにそんなことを考えさせてくれる教えなのかもしれません。

見返りを求めない愛もある

「団姫は、今年のバレイタインのチョコ、いくつ買うの？　私なんか20個やで。ひとつ500円として1万円！　冗談やないわ。ホワイトデーには10倍にして返してもらうわ（笑）」

毎年恒例のバレンタインデー。独身の友だちはいつも浮かれていますが、すでに結婚している私たち夫婦には関係のない話。それでも義理チョコを買うのは楽しいものです。

えっ？　バレンタインだけじゃないって？　誕生日にクリスマス。なかには雛祭りまで祝ってもらう女性がいるらしいので、そんな恋人を持っている男性はお気の毒。とにかく恋愛をしている男女には、プレゼントは愛を確かめるバロメーターになってしまっているようです。

ところで私たち夫婦の場合は、夫から私へは「誕生日」の1回だけ。ところが私から夫へは「誕生日」に加え「クリスマス」と2回、プレゼントを贈っています。

「えー！　団姫、1回損してるやん」

友だちにはよくそういわれますが、私は損しているとは思っていません。なぜなら、私にとってクリスマスという日は「イエス様がおられるお蔭で、クリスチャンの夫は今日も元気です」と、仏教徒でありながらイエス・キリストに深く感謝する日なのです。そして夫には「イエス様がおられて本当に良かったね」とプレゼントを贈る日でもあるのです。

さて、プレゼントのやりとりを単純に「物」や「回数」という物差しで見てしまう人がいます。そんな人にとってはプレゼントの値段や回数によって「損だ」「得だ」ということになりますが、もしプレゼントの極意があるとしたら、それはたったひとつ。「見返りを求めない」ということでしょう。

なかには「△△を貰ったから○○ぐらい返さなきゃ」と、お互いに貰ったプレゼントの値段と相談しながらお返しを考えている人がいますが、これではプレゼントもただの負担になってしまいます。プレゼントは贈るほうも贈られるほうも楽しくなくてはいけません。だって「気持ち」で贈ったり贈られたりするものなのですから。

もう一度、月に行ったウサギを考えてみてください。ウサギはヨレヨレのお坊さんの正体を帝釈天だとは知りませんでした。また、その帝釈天にあとから褒めてもらおうなどという打算があって布施をしたわけではありません。精一杯の、そのときできるだけの気持ちで、見返りを求めず行った布施であったからこそ、それはホンモノの布施だったのです。

恋愛をしている男女というものは、互いに「施す者」と「施される者」の立場に立つものです。ときには男性から女性に、ときには女性から男性に――。

どちらからでも見返りを求めず、自分のできる範囲で布施のできる人になる、そして、相手から施された布施は感謝して受け取る。

頭では分かっていてもなかなかそうはできないものですが、まずは自分自身の意識改革が大切です。

「お誕生日のプレゼントは、彼にハワイに連れてってもらうの」

ブランド物のバッグを下げたウサギちゃんが得意そうに話をしています。

施してもらうだけの人生なんてつまらないと思いませんか。

布施③　「愛別離苦」とどう向き合うか

前向きに生きられますか？

「ちょっと⁉　カレシにフラれたんやけど！　もうカレシなしじゃ生きていけないのにどーしよ！　団姫、お坊さんなんやから、寂聴さんみたいに教えて！」（なんでやねん！）

付き合って1年ほどの彼と昨日別れたというA子。

しかし、彼女は「これでもう何度目？」というぐらい、いつも同じことをくり返しています。そして、毎度のことながら翌日にはケロリとした顔で次の彼氏探しに奔走しています。彼女を見ると、苦しみの多い世の中ではありますが、人間もなかなかしぶといもんやなぁ、とある種、感心してしまいます。

仏教ではいろいろな「苦」について説かれていますが、そのなかに「愛する人と別れる苦しみ」

というものがあります。これを「愛別離苦」といいます。

たしかに、愛する人との別れほどつらく悲しいものはありません。A子のように恋人と別れたくらいならまだ笑ってすますこともできるでしょうが、私がふだん受けているお悩み相談のなかには、恋人や婚約者と死別した方からのご相談も皆無ではありません。

世間では、このような場合、主に二つのパターンに分かれるようです。
一、故人のために生涯独身を貫く。
二、故人のために新しいパートナーと幸せになる。
どちらだろうとそれぞれの自由ですし、他人がとやかくいう筋合いはありません。でも、私はどちらかというと後者の生き方をおすすめします。なぜならそこには、私たちが死者に対してどう向き合うか、という問題が含まれているからです。

恋人に限らず、家族や友人、尊敬する人など、大切な人を亡くされた方のなかにはこのように考える人がいます。

「あの人はもっと生きたかったに違いない」

「もっとあんなことやこんなことをしてあげればよかった」

「あの人は、あんな夢やこんな夢を叶えたかったはずだ」と。

もちろんこれは残されたものとしては当然の想いで、そこにやるせなさや後悔を感じる人は少なくありません。しかし仏教的な観点からすると、故人の〝生〟にいつまでも思いをめぐらせることはあまりおすすめできないのです。

「可哀相」は、生きている人の自己満足

故人の立場になって考えて見てください。

たとえば、仏教では人がお亡くなりになりますと、故人は阿弥陀如来のおられる極楽浄土へと往生をいたします。そこはとても素晴らしい世界で心安らかな場所といわれています。そして、キリスト教の人であれば天国へいきますし、神道の方であれば冥土へと行くわけです。

極楽、天国、冥土……このいずれの世界も、いま私たちが暮らしているこの娑婆世界よりずっといいところであることには違いありません。だって向こうから帰ってきた人は一人もいないわけですから、どんなに素晴らしいところかと……僧侶の私がいうのですから間違いありません。

というわけで何かしらの信仰に生きてきた人は必ずそのような心安らかな世界へ行けるのです。

つまり、そのように「楽」になった故人に対し、まだこの世に未練があるかのように勝手に考え

思い描くことは、厳しい言い方をしますと、生きている側の自己満足で「故人のことをこれだけ大切に思っている私」に酔っているだけです。さらには、その気持ち自体が一歩間違うと「己のエゴ」になってしまうことにもなるのです。

故人を「可哀想な人」にしてしまっているのは、実は残された私たちのそのような勝手な思い込みなのですね。

では、愛する人との永遠の別れを、私たちはどのように考えればいいのでしょう。それはもう言うまでもありません。

「とにかく前向きに生きること」。

もちろん、すぐに前向きになれる人などいないことはわかっています。でも、私たちは生きているかぎり前に進まなければなりませんし、それが故人への最大の供養なのです。故人のやり残したことに思いをめぐらすこともいいでしょうが、それで悲しみを募らすことは、決して供養にはなりません。

天台宗の開祖・伝教大師最澄上人はご遺言（ご遺誡）として次のような言葉を残されました。

我がために仏を作ることなかれ

我がために経を写すことなかれ
我が志を述べよ

つまり、「私（最澄上人）の供養のために仏像を彫ったり、写経したりしないでください」「それよりも私の志を受け継いで、しっかりと布教をしてくださいね」と弟子たちにメッセージを伝えたのです。要するにクヨクヨしている時間があるなら布教活動をしなさいということです。

大師匠、天国でお饅頭いっぱい食べてくださいね

実は私も数年前、とても大切な人を亡くしました。それは、私を住み込みの弟子として面倒を見てくださった、故・二代目露の五郎兵衛師匠です。

私は五郎兵衛師匠の弟子の弟子ですから、孫弟子になります。私がこの大師匠のところに住み込むきっかけになったのは、私の師匠・露の団四郎のいいつけでした。大師匠は当時73歳。大師匠の体調を心配した師匠が、孫弟子である私を五郎兵衛師匠宅に住まわせることで少しでも生活の助けになれば…と考えたことが始まりでした。

私もこれは良い修業になる！　と思い、18歳のときに大師匠のお宅へ行くことになったのです。
大師匠は、一流の落語家であると同時に実はとても敬虔なクリスチャンでした。だからこそ私も、仏教徒でありながら日曜日になれば大師匠をキリスト教会へと送り迎えをしました。また、大師匠の体調がすぐれない日は大師匠をおぶって自宅の階段を上り下りするなど、その3年間はかけがえのない時間になりました。

平成21年の春、その大師匠が亡くなりました。77歳。もちろん悲しみと寂しさでいっぱいです。でも、私がその悲しみから救われたのは、大師匠の「信仰心」でした。

大師匠がまもなく亡くなろうとするとき、衰弱し動くこともできない状態の大師匠のもとに牧師さんが駆けつけてきました。大師匠の枕元で聖書を朗読すると不思議なことに大師匠の手が動き、しっかりと胸の前で組み、祈りの形を取ったのです。そして聖書の朗読が終わると、魂が天国に召されたのか、心拍を測るモニターが「0」を示しました。

私はその瞬間、「ああ、大師匠は天国へ行ったのだ」と何の疑いもなく思いました。大師匠の信仰生活を見てきたからこそ、「もう会うことができない」という寂しさはあっても、死後のことについての心配は、まったくありませんでした。

「大師匠、天国でお饅頭たくさん食べてくださいね。神様、あとはよろしくお願いいたします」

私がそんなふうに心から思えたのは、日頃から大師匠の篤い信仰心を身近に感じていたからです。大師匠の信仰心は大師匠自らを救ったばかりでなく、私をはじめ周囲の人にも安堵を与えるものなのだと、このとき知ったのでした。

別れた人がくれる「布施」

親、兄弟、愛する人の死に直面することは珍しいことではありません。誰にでもいつかは訪れる悲しい瞬間です。

そのような別れと恋人との別れを一緒にすることはできませんが、でも、共通するのは別れたあとの苦しみから、どのように立ち直るかということです。

どんな理由があるにせよ、愛する人との別れはつらく悲しいものです。だからといってその場に泣き崩れて暮らしていくわけにはいきません。お腹がすけばご飯を食べるし、疲れれば眠くなる。お腹がいっぱいになれば少しは幸せになれるし、ぐっすり眠れば頭もスッキリします。悲しいことに、これが人間の摂理なのです。

亡くなった人にいつまでも思いをめぐらすことよりも、とにかく私たちは前に進まなければなりません。悲しいですが、時間が薬になることもあるでしょう。
「愛別離苦」の苦しみから少しでも離れるためには、まずはしっかりと信仰を持って生きること。そして、愛する人の信仰を理解し、受け入れること。これがお互いの魂にとってなによりの癒しを与えることだと信じています。

別れは残酷です。でも、別れから得られる「布施」だってあるのです。人はそれを「教訓」と呼びます。

布施④　「愛される」よりも「愛する」

その人を大切に思い、優しくなれますか

「団姫って愛されるほうが好き？　それとも愛するほうが好き？」

以前、友人からこんなことを聞かれたことがあります。

「愛」を広辞苑でひいてみると、次のように書いてあります。

《親兄弟のいつくしみあう心。ひろく、人間や生物への思いやり、男女間の愛情。恋愛。大切にすること。かわいがること。めでること》

女性のなかには「愛することよりも愛されることのほうが大好き」という人もいます。

そして、イケメンでお金持ちで、優しくて……と、愛され方の条件はますますエスカレートしていきます。

でも、私が「愛」の意味のなかで、すんなり頷けたのは「大切にする」「かわいがる」ということでした。

というのも、私自身、愛を知った今では自分の愛する人にはいつも健康で長生きしてほしいと願うので、その人の体を気遣う心が自然とわいてきます。これも「大切にする」ということのひとつではないでしょうか。

結婚して子どもが生まれてからは、わが子のことはもちろん「かわいがって」います。

また、私の夫・大治朗は現在38歳ですが、彼の悩みは髪の毛の薄いこと。キリスト教徒だからか（?）近所の中学生からは「ザビエル」とあだ名をつけられています。

もうどのようにしても無駄な努力としか思えない髪の毛ですが、シャンプーや毛生え薬にこだわってなんとかしようとしているその姿は、私にはとても愛しく思えてならないのです。なぜでしょうか。

それは、私が夫を愛しているからです。

これが愛する人でなかったら「うわ〜、なに、あのおっちゃん、キモ！」となってしまうのが世の常。つまり「愛」というフィルターをかけることで「キモさ（！）」が「可愛い」に変わるのです。

子どもだって愛していなければ、ただの「やかましい」存在でしょう。でも、愛しているからこそ「元気でよかった」となるのです。

愛されることばかりでなく、愛すること。

愛することで相手を大切に思い、やさしい気持ちになれる「愛」とは、まさに「布施」の持つ大きな精神のひとつといえるでしょう。

得する恋愛、損する恋愛

「デートするのにあんまりひどい格好をしていくわけには行かないから、洋服もたまには買わなきゃいけないし、映画見ても食事しても割り勘だし……。とにかく恋愛したって損するばっかりじゃん？　何かいいことでもあるの？　それで結婚しても、家事をさせられるだけだし、絶対に女のほうが損だよね」

40歳の独身貴族を自認する知り合いの女性。彼女の恋愛の価値基準は「損か、得か」にあるようです。

「3高男性」を求めるあまり、ついに四十路を迎えた友人を見るにつけ思うのは、こんな言葉。

『諸行無常』——世の中には常なるものなど何もない。

有名な仏教の教えですが、常なるものは何もないからこそ、明日はどんなワクワクがあるのか、どんなドキドキがあるのか、という楽しみもあるのです。

相手に「完璧な男性」を求めるより、この世の中には「完璧な男性」などいないのだということを知るべきでしょう。そのためにはまず、自分にも長所だけでなく短所だってあることに思いを致すことができれば、「だからこそ人間なのだ」と理解できるはずです。

自分の都合で相手に理想を追い求めれば追い求めるほど虚しい結果になってしまうのです。

私の落語家の後輩に笑福亭智六さんという男性がいます。

彼はお酒が大好きですが、お金のないときは気の合う仲間と公園で星空を眺めながら缶チューハイをあけています。これを自称「青空居酒屋」と呼んで楽しんでいます。これじゃ今どきの若い女性にはモテないかもしれません。

でも、お金のないときにお弁当を作ってデートに持って来てくれるような女性がいたら、智六さんは幸せになれるでしょうし、その女性も、3高男性を求める私の友人より、はるかに幸せになれる可能性はあると思うのです。大切なのは、お互いに背伸びしないでいられる関係です。

仏教を開かれたお釈迦様の教えは、じつに八万四千通りあったといわれています。これは、仏教の教えはそれだけバリエーションにとんでいるという意味で、仏教が「時と場合に応じて」悩みに答え、導いてくれることを示しています。

せっかくの「好きな人との大切な時間」が、「お金がもったいない」という思いに変わってしまうなら、とても恋愛など楽しめたものではありません。

それならお金さえあったら恋愛は楽しいのでしょうか。そうではありません。もちろん、お金も少しはあったほうがいいかもしれませんが、もっとも大切なのは、好きな人と一緒にいられるから楽しい、ということです。

恋愛はどんぶり勘定くらいがちょうどいい

また、結婚する前から家事はどちらがするかでモメているカップルがいます。

たしかに、二十一世紀といえども、まだまだ男性のなかには「家事は女がして当たり前」と思っている人が多くいますし、女性のなかにも「家事は女がして当たり前」と刷り込まれて育ってしまった人もいます。本来、性別で家事分担が決まるなんておかしな話ですから、こんなことでモメるなんて時間の無駄です。私の夫はいつも、「男でも女でも手があいているほうがしたらええやん。それが嫌なら結婚なんてせんほうがええんちゃう」と言っています。

これには納得です。

たまに、「同棲しているカレが家事をしてくれない」というお悩み相談を受けることがあります。しかしよく聞いてみると、そういった悩みを抱えている多くの女性が、相手に「家事をして」と言ったことがないようです。お互いに思い込んでいることは、どちらかから話を切り出さなければ状況は変わりません。

「そんなこと言ったら、相手に嫌われませんか？」

そう言ってくる人もいます。

でも、嫌われたって、そんな理解のない男性と一緒にいても幸せになれないので、やはりここは勇気をもって言うべきです。

要するに信頼関係を築けなければ恋愛も結婚も成り立たないということです。

このような気持ちの底には、やはり「損か」「得か」の感情があるのでしょうか。

ある社会学者の先生によると「最近の若い人は損得感情に敏感」だそうです。理由は、核家族化や少子化のなかで人間関係が希薄化したからといいます。だから何か物事を頼まれると断りにくく、解決しようとするとお金で解決する傾向があるそうです。そして、そんな方法論を恋愛にまで持ち込んでくる。

たとえば、恋人はお金では買えないけど恋人が欲しいと思うとき、一時間五千円で自分の希望の恋人をレンタルできる。これを「レンタル恋人」というのだそうです。そしてデートを楽しむ。延長料金さえ払えば時間延長もあり。もちろん身体的接触や性的なことは禁止ですが、このようなレンタル恋人がビジネスとして成り立っているのだそうです。

恋愛って、最初は友だち同士から始まるものもありますが、若い人のほとんどが「親友がいる」と言いながら、その七〇%が口論の経験がないといいます。こんな若者たちの友だちの基準は「損か」「得か」で、友だちとは一定の距離感で付き合うのだそうです。

本当の友だち、本当の恋人ならときには口論もするし、二度と顔もみたくないと思うことだってあるでしょう。それでもまた仲直りするのはお互いを理解しようとするからではないでしょうか。

「喧嘩をしない夫婦は夫婦ではない」といいますが、喧嘩をするほど仲良くなるのも、また夫婦というものです。そういう経験を繰り返し夫婦としての歴史をつくっていくのです。

恋愛感情や結婚生活を「損か、得か」の価値基準で決めているとしたら、それはもはや恋人でも夫婦でもないということです。

仏教の教えは心の持ちようや行動ひとつで「不幸」と感じることを「幸せ」に転換できる智慧にあります。

時には「こんなことしたら損かな〜」と思うことでも、相手が困っていたら、あなたを求めていたら手をさしのべる。貧しい身なりのお坊さんが軒下に立っていたら、一枚の布を差し出すように、大切な人の気持ちに応える。

たったひとつの笑顔、たったひとつの優しい言葉や仕草が、相手にとっての「布」になるのです。だから愛と「布施」は、切っても切れない関係なのです。

まわりが何も見えなくなってしまうのも困りものですが、計算しすぎてしまうのも本末転倒です。恋愛においてはお互いが他人と付き合っているのですから、そもそも計算など成り立つはずもありません。

つまらない計算などせずに、恋愛は楽しく「どんぶり勘定」くらいがちょうどいいように思います。

第2章　幸せになれる教え「六波羅蜜」その②…持戒《じかい》

「人を愛する」ことは、自分の思いを押しつけないこと

持戒①　恋愛で「保たなければならない」こと

自分自身が進んで保つルール

「保つや否や」「良く保つ」——私たちお坊さんが、お坊さんになるための最初の儀式で何度も何度も高僧と繰り返すやりとりです。

これにはどういう意味があるのでしょうか。

お坊さんになるからにはいろいろな「戒律」という「宗教的なルール」がありますが、そのルールを「ちゃんと守りますか？」「ハイ、守ります」、というやりとりなのです。

しかし、ここでは「守る」という言葉ではなく「保つ」という言い方をしています。

これは私たちが誰かに決められたルールをただただ守る、といった「やらされている感」のスタンスでルールに従うのではありません。自分自身でそのルールをよく理解し、いつも心に保ち、それに従っていくということです。「守る」よりもより厳しい「己に対する戒め」なのです。

この章では「持戒」をテーマに恋愛でのルールを考えていきますが、もともとこの「持戒」というのも己で保つためのルールであり、自分自身を戒めるものなのです。

「戒」にはいろいろな解釈がありますが、おおまかには、何か事が起こってしまう前に「用心する」ことであり、悪い事が起こらないように「注意をする」こと、そのためになにかを禁じる、こととされています。

病気になってから病院に行くのではなく、病気にならないように健康に気をつけたり、健康診断を受けて早期発見を目指すのに似ています。

たとえば、身近なところで恋人同士の「メールでのやりとり」を挙げて考えて見ましょう。

世の中には〝メールが来たらお互いに1時間以内に返信！〟といった約束事をしているカップルがいます。

しかし、このルールはもともとどちらか片方が言い出さないかぎりはじまらないルールなので、もう片方の人間はそのルールを強いられることになり、精神的な苦痛を感じる場合も少なくありません。ルールというのは、恋人同士がお互い納得してこそはじめて成立するものであり、片方が言い出したことに、もう片方がただ従うのはルールではなく強制でしかありません。

では、持戒とはなんでしょうか。

同じようにメールの返信の仕方で考えるのであれば、〝相手からメールがきたら1時間以内に返信できるようにしよう〟と自分自身が心掛けること。それが持戒なのではないかと思います。

これは相手に何の強制力も持たないので、あくまでも自分自身の行動に対する目標であり、自分なりに考えた相手への気遣いです。

恋人関係において、どちらのほうが関係を良好に保てるのか考えて見て下さい。これは、あきらかに後者です。

人間対人間の付き合いには「居心地の良さ」というものが大切です。

いくら好きな相手でも、あれやこれやとプチ強制が積もり積もれば、いつしか気持ちは離れていってしまいます。**相手に負担を与えず、自分自身が相手のためにどうしたらいいかよく考え、行動目標を立て、それをよく保つこと。それを心の中に持ち続けながら相手と付き合っていくことが仏教のおススメする「持戒」であり、「自分の心と向き合うルール」なのです。**

まず、「五戒」を身につける

ではここで、仏教で定められている代表的な戒律「五戒」という5つの保つべきルールをご紹介しましょう。

五戒というのは主に「不殺生」「不偸盗」「不妄語」「不邪淫」「不飲酒」のことをいいます。

まず、「不殺生」とは「殺さない」という戒律です。

私も家で実践しています。なにを殺さないようにしているのかといいますと、夏場に出てくる黒い彗星、通称・ゴキブリさんです。ゴキブリさんも仏教では「大切ないのち」であることに変わりはありません。ですから、我が家では殺しません。

そのかわり、実際に出てきたら大きな団扇でベランダまで追い出して逃がします。逃がすときにはひと声かけるのも忘れません。「出るんやったら、隣の家に出るねんで」と……。こりゃ失礼しました。

しかし、実際に殺人を犯すということはもちろんしませんが、「不殺生」はなにも体だけの問題ではありません。私は、夫や子供の「心」を殺さないよう、いつも気をつけて生活をしています。


つづいての「不偸盗」。「盗まない」ということですね。

とある女性が会社の上司と営業まわりで歩いていたら、突然その上司の妻が現れ「この泥棒ネコ！」と超古典的なセリフを吐かれたとか。聞けば、その上司は不倫をしていて、不倫相手に間違われた……と。はた迷惑なこと、このうえありません。

しかし、この「泥棒ネコ」というセリフ。昔から漫画や小説、ドラマでもおなじみですが、不倫や浮気も「泥棒」ということです。決まった相手がいるのですから、確かに盗んでいることになりますね。犯罪として検挙されてしまうような盗みはもちろんですが、男女間での「盗み」、会社でのアイデアの「盗み」……。いろいろな意味で許されないことは沢山あります。

私たちの業界でも「楽屋泥棒」なんていう言葉がありますが、実際にはそんな輩はおりません。私たちが盗んでいいのは「師匠の芸だけ」なのです。


「不妄語」は、「嘘をつかない」ということ。

政治家の先生にもよーく知っていただきたい戒めです。「嘘も方便」といいますが、あれはもともと仏教用語で、お釈迦様が私たちを悟りに至らせるための一時的な嘘のことを指すものです。良い方向へ導くためのお釈迦様の嘘だからこそ許されるものであって、嘘の言い訳に使うような言葉ではありません。

嘘をつく人というのは、それがクセになっています。最初はあった罪悪感もだんだんと薄れていくのが嘘という罪の怖いところ。バカと呼ばれてもいいので、正直に生きることが大切です。

「不邪淫」は、「男女の道を外さないこと」。

最近、男女の道を外している人ばかりですね。不倫は誰もが陥る可能性のある地獄であり、「禁断の恋」や「叶わぬ恋だと思っていたのに、まさか…」といった男女関係は、地獄の番人が仕組んだ甘い罠です。絶対にひっかからないようにしましょう。

ついつい相手のせいにしてしまいがちですが、自分が「NO!」としっかり拒否すれば、不倫ははじまりません。

最後の「不飲酒」は「お酒を飲まない」というよりも、お酒で「酔っぱらわないこと」という表現のほうがしっくりくるかもしれません。お酒で酔うと、先に挙げた4つの戒を犯しやすい状態になってしまい、心も体もノーガードになってしまいます。私も過去何度かお酒に酔っぱらい「あちゃー！」ということがあり、深く反省しています。

戒を犯さないための戒。「備えあれば憂いなし」という諺があるように、自分を戒めることを決して怠らないということが生きるうえで大切なことなのです。

女性のほうが戒律が多いってホント？

さて、「戒」の話をするとたまにこんな質問をされます。

「仏教では、男性よりも女性のほうが戒律の数が多いって聞くのですが…」

たしかに仏教ではそのようにいわれています。中には「女性のほうが、業が深いから！」と笑ってのける単純男女差別的な思考回路の人がいます。しかし、これは決してそういうわけではないのです。

もともと「戒」とはサンスクリット語（仏教で使われているインドの古い言葉）では「シーラ」といい、「気立てのいい」という意味があります。

「気立てのいい」といいますと、「気立てのいい娘さん」などというように「気遣いのできる」

という意味にとらえることができます。

たとえば、病気のためにダイエットをしている人間の目の前でケーキを食べる、という行為をわざわざする人は少ないと思います。これは一種の気遣いです。

これと同じように、男性と女性では、体のつくりも違うので、お互いの修行がスムーズにいくように、男女ともに気遣いが大切になってきます。

つまり、戒律の数の違いは、決して女性のほうが男性より劣っているというわけではなく、相手に煩悩があるだけまわりがしなければいけない気遣い、男性から女性への、女性から男性への「気遣い」の多さの違いだと私は解釈しています。

「都合のいい女性になる」か、「気立てのいい女性になる」か、似て非なる二つの女性像。

都合のいい女性になれば、相手の男性はたしかに満たされるかも知れません。しかし、気立てのいい女性になれば、相手も自分もお互いに満たされ、幸せになれるのです。私たちが目指すべきは、戒を良く保つことのできる「気立てのいい」人間です。

そうなれば、愛する男性はもちろん、未来の我が子も、近所のお年寄りも、みんなを笑顔にできる光り輝く女性になれるのです。

私もすでに頭は光り輝いておりますが、心身ともにこのような人間になりたいと思います。

持戒②　相手は「所有物」ではない

「お前は俺のものだ！」に憧れるな

小さい頃、少女漫画が大好きでした。私の時代は「りぼん」という月刊誌が大人気でした。5歳ちがいの私の姉の時代は「花とゆめ」、最近は「ちゃお」や「なかよし」などが人気のようです。

少女時代に別れを告げ、大人になった20代前半にも、たまに漫画を読みたくなることがありました。そういうときは古本屋で100円になった少女漫画を買いました。ポテチとジュースを片手にソファでゴロンとなりながら甘い世界に憧れることもありました。

しかし最近、改めて少女漫画を読んでみると、私が憧れていたソレは一歩間違えばとても危険なものであることにも気が付いたのです。

というのも、「少女漫画」といえば「恋愛」が王道ですが、そのハイライトシーンでたびたび顔を出す台詞に「お前は俺のものだ！」という言葉があるのです。

「お前は俺のものだ！」

漫画の中では〝胸キュン〟なシーンとして描かれていますが、実はこれに憧れてしまうと、将来良きパートナーを得られない原因にもなりかねないと私は心配しています。

冷静に考えて見て下さい。「お前は俺のものだ」というセリフははっきり言って「束縛」です。これは愛でもなんでもありません。近年多発しているドメスティックバイオレンス（ＤＶ）、その中でも「デートＤＶ」の元になりかねません。それは男女交際の中で最も悪質な「愛」を名乗った精神的、肉体的な暴力といってもいいものです。

「自分」は誰のものでもない！

そもそも、「お前は俺のものだ」という発想自体、とてもおこがましい考え方です。

なぜなら、仏教では「自分すら自分のものではない」のです。

ちょっと説明しましょう。

私たちお坊さんはよく「生かされている」という言葉を使います。「生きている」ではなく「生れた大切な命である」ということなのです。

たとえば、仏教に出会う以前の私はお菓子を食べたいだけ食べ、思春期にはぽっちゃりとした体形になり、あまり「健康」に気をつかうことはありませんでした。自分の体は自分のものとしか考えていませんでしたから、健康に気をつかうのも自分の自由だと思っていたのです。

しかし、仏法に出会い、考え方は変わりました。

「自分の体は仏様からお預かりしているものだ」

このことを知ってからは、体をとても大切にするようになりました。だって、お釈迦様からの預かりものを無下《むげ》に扱うなんてことは、仏教徒として絶対にしてはいけないことだからです。

そして、仏教では、同時に相手も自分のものではないとされます。

この「相手は自分のものではない」は、恋人だけではなく、あらゆる人間関係においてもとても大切なことです。

「自分も、相手も誰のものでもない」

人は、ときにそのことを忘れがちです。

私も例外ではありません。

「夫がずっと家にいてくれたらな〜。いつも家に帰ると夫と息子が出迎えてくれたら嬉しいな〜」自分の仕事が立て込んでいたり、肉体的な疲労、精神的なストレスが溜まってくると、そう思ってしまうことがあります。しかし、結婚していても夫には夫の人生があり、夢があり、決して妻である私のモノではありません。「仕事をやめて家にいて！」などと強制することはできません。けれども、そんな私の考え方は、「パートナーは自分のものだ」と思い込んでいる人には到底通じません。「相手は自分のものではない」という人間としての根源的なルールをハラでわからないかぎり、「なんであいつは自分のいうことを聞かないんだ！」という視点を捨てることはできません。

親子関係でもそうです。小さい頃、私の両親は共働きで「寂しいな」と思ったことが何度もありました。そして母に対し「なんで家にいてくれないの!!　いて欲しい！」と泣いて喚《わめ》いたこともありました。しかし、「相手は自分のものではない」と知ってからは、大きく変わりました。「今まで母は自分のものであり、自分のために生きていてくれるものだと思い込んでいたけれど、母には母の人生がある、夢がある、母はすでに自分に十分な愛情を注いでくれている、母を母という鎖で縛ってはいけない」

そう気づいたのです。

そして自身も親になった今では、息子のことを「我が子」とは呼びますが、息子も私にとっては仏様からの預かりものであると理解しています。

親から子への悲しい虐待事件が後を絶たない昨今です。

これは「子供は自分のもの」と親が思いあがっているからこそ、自分の一時の感情で、抵抗できない子供を殴る蹴るという心理になるのです。子供は大切な「いのち」という預かりもの。それを心に置きとどめておけば、我が子を虐待するということなどできるはずがありません。

「俺のものだ」になぜトキめくのか

「それはよくわかったけど、それでも〝お前は俺のものだ〟と言われると、ついトキめいてしまう、胸キュンしてしまう」

そんな女性もいるかもしれません。もしそうだとすれば、アナタこそが一番危険です。なぜなら、それは「不幸になる刷り込み」のなせる業なのです。

そう、私たち女性は意図しないところで小さい頃からあらゆるシーンで「不幸になる刷り込み」をされて育っています。ここでとりあげた少女漫画のセリフにしても、漫画を描いている漫画家さんたちに悪気があるわけではありません。彼女たちもまた刷り込みをされて育ったひとりであり、これは昔から続いている悪習とも呼べるのです。

何度も何度も小さいころから「束縛」と「胸キュン」のセットを繰り返し見ていたら、ついつい心も体もそれと同じ反応をしてしまいます。それは仕方のないことかもしれません。

しかし、ここで改めて「束縛に愛を感じる体質は、ロクな男女関係を築けない」ということを声を大にして訴えたいのです。

「お前は俺のものだ」と言い、考え、行動する男性は、あなたのパートナーとして決してふさわしくありません。

なぜならそういう男性は、本人がそれを意図している、いないにかかわらず、束縛体質の人間です。

「俺のために痩せろ」
「俺好みに髪の毛を伸ばせ」
「俺のために仕事をやめろ」
「俺のために子供を産め」

あなたの自由を奪い、夢を奪い、あなたを奴隷のように扱うDV男の候補生といっても過言ではありません。

束縛にトキめいてしまう女性がいることを私は否定するつもりはありませんし、またしようがありません。

しかし、もしそのような感情をあなたが持っているならば、それは「世間から刷り込まれたものであり、自分が不幸になる元となる感情だ」ということを今一度胸に刻み込んでください。

束縛男に憧れる体質であるかぎり、相手を何度替えて交際しても、あなたは幸せになることはできません。それならば、根本原因である「束縛男に憧れる」という自分の心を鍛えなおすしかないのです。

でも、安心してください。日々ほんの少しのトレーニングで鍛えることができるのです。

そう、自分の恋心に「束縛男に憧れてても絶対にいいことはないから、もうやめよう」と何度も優しく言い聞かせてあげることです。必ずその間違った憧れから離れることができます。

あなたという女性は、相手の気持ちを尊重し、束縛することなく、なおかつ自分自身も束縛されることのない、素敵な恋愛のできる人となり、女性を束縛するようなDV男には決して捕まらない女性になるでしょう。

心を鍛え、「束縛は愛である」という間違った刷り込みから離れ、異性を見る目を養う。それが、あなたが最高のパートナーと出会い、良好な恋愛関係を築いていく大きなヒントとなるのです。

「相手は自分のものではない」

このルールを男女ともに保つことが、一億総活躍の時代には必要です。

持戒③　「なりたい自分になる」と約束する

「本当の自分」を生きはじめた女性

先日、とある尼僧さんとお喋りをしていました。その方は、もともとお寺の娘さんとして生まれ、尼僧にはならず結婚して家庭を持ちましたが、その後夫と死別。一大決心をして尼僧になられました。

尼僧というと、みなさんはどんなイメージをお持ちになるのでしょうか。

尼僧と一口に言っても、私のように頭をツルツルに剃髪をしている人、五分刈りの人、長い髪の毛の人とさまざまです。その尼僧さんは端正な顔立ちにベリーショート、キリリとした表情が印象的でした。

その尼僧さんを昔から知っているという人にも出会いました。

「今とは違って、髪の毛も長く、〝奥ゆかしい奥様〟という感じだった。今のように毅然とした態度で尼僧として活躍されるとは思ってもみなかった」

その方の話です。

髪の毛の長かった人が出家のため剃髪をするというのは、なかなか勇気のいるものです。私自身は特に髪の毛へ思い入れもなく、それよりもお坊さんになりたい一心でしたから、剃髪をしたときさほどつらい思いはしませんでした。しかし、そうではない人もお坊さんの中にはたくさんいます。

そこで、その尼僧さんに聞きました。

「昔は髪の毛が長かったということですが、剃髪されるときはどうでしたか？」

するとその尼僧さんの答えは意外なものでした。

「私ね、もともとは体育会系でショートヘアが好きだったんですよ。でも、結婚後は夫の強い希望でロングにしていたんです。それに、夫の仕事の関係もあって〝奥ゆかしい奥様〟を演じてはいたけれど、私の素顔はまったく逆。本当は自分からどんどん仕事したいタイプ。今のように髪をベリーショートにして、尼僧としてお寺を仕切っているほうが本来の私なの。イキイキしてるでしょ？」

たしかに、そう笑顔で語る彼女の目はキラキラしていました。本当の自分を生きる彼女に、私は「めちゃくちゃカッコイイ」と感動したものです。

「剃髪」、そして「欲」の正体

さて、尼僧の髪型については今も昔も世間様からさまざまなご意見をいただきます。

「旦那のために髪の毛を伸ばせ。旦那が可哀想だ」

私も以前はよく言われたものです。

不思議なことに、なぜかモテない独身男性にかぎって言ってくる言葉なのです。男性目線のとても勝手な意見であり、そこに私の意志や信仰心を尊重する気持ちはありません。

ただ、私も一応「妻」ですから、少しは気になって夫に聞いてみたことはありました。

「私が剃髪してるの、やだ？　やっぱり伸ばして欲しい？」

もちろん、一応聞きつつも伸ばすつもりはないのですが……。

すると、夫はとても素敵な言葉を返してきました。

「僕は別にかまいませんよ。だって、そのツルツル頭が団姫さんなんだから」

これは正直有難かったですね。だって、私の「ありのまま」を受け入れてくれたということなのですから。

さて、そもそもお坊さんはなぜ剃髪をするのでしょうか?

これには諸説ありますが、一般的には「髪の毛は欲の象徴である」とされていることが理由です。

お坊さんは、「欲から離れる」という自戒の意味も込めて髪の毛を剃り落としています。しかし、剃髪というのは一度剃っておしまいではありません。髪の毛は剃っても剃っても毎日生えてくるわけですから、それを2日に1度なり剃らなければなりません。

私はここに「欲」の正体が見えてくるような気もするのです。

というのも、先ほど「髪の毛は欲の象徴」だと申しましたが、まさに欲は髪の毛と同様で、無くしても無くしてもまた顔を出してくるものなのです。

たとえば、私たちは1日3食ごはんをいただきますが、昼ごはんを食べた後は満腹でも、夜になればまたお腹が空きます。「食欲」は1日に3回満たされ、1日に3回発生している欲なのです。

また、食欲以外の欲もそうです。

近年、プチ整形なるものが流行し、お金持ちでなくとも簡単に美容整形を受けられる時代となりました。

しかし、この美容整形という行為は健康のためのダイエットや、簡単なお化粧とは違い、自分自身の体に本来必要もないのにメスを入れる行為です。これは自然の摂理に逆らうことを良しとしない仏教ではいただけない話です。

ではなぜ仏教では「自然の摂理に逆らうことを良しとしない」のでしょうか。

それは、自然の摂理に逆らえば逆らうほど、人間というのは生きることが苦しくなる生き物だからだといいます。

「ありのままの生を受け入れること」

つまり、「人間はいつか死ぬものである」「いつかは老いていくものである」、その事実を受け入れることによって、現実を見つめて生きられるようになり、気持ちが楽になって、生きるうえでの「苦しみ」が「苦しみでなくなっていく」ということなのです。

だからこそ、「いのちに抗うことをやめよう、与えられたいのちの中でベストを尽くし、そこに幸せを見いだせる心持ちになろう」と仏教はすすめています。

美しくなりたい、という願いは、一定のラインを越えると「美しさへの執着」という欲になります。そして「欲」の正体とは「満たされても、満たされても次から次へと湧いてくるもの」なのです。

プチ整形をする人も、これと同じです。鼻を高くしたら、今度はシワが気になる。シワがなくなったら、目の大きさが気になる……。その繰り返しです。満たされることがなくなってしまいます。

プチ整形をしたら満足できるはずだったのに、実はそこは欲の入り口であって、あげくの果てに、抜け出すことが難しくなってしまうのです。

私は美容整形を真っ向から否定する気はありません。

しかし、「私は絶対に後悔しない、美容整形をすれば絶対幸せになれる」という確固たる意志の持ち主や、「親に泣かれても私は美容整形をする」くらいの気持ちを持てる人でなければ、思いとどまるべきだと思います。

後悔したり、繰り返しのドツボにはまってしまうと、精神的負担は相当大きなものです。そして、後悔しても、もう後戻りはできないのです。

「なりたい自分」をきちんと描いていますか

先日、とある子育て講演会でこんな質問を受けました。

「息子さんは、将来落語家にしたいですか？　お坊さんにしたいですか？」

私の回答は「落語家にしようとも、お坊さんにしようとも考えてはいません」でした。なぜなら、私自身の仕事や夢はあくまでも自分のそれであって、息子に継がせようなどは露にも思っていないからです。親のエゴに他なりません。

世の中にはピアニストになりたかった女性が母親になり、自分の夢を子供に叶えて欲しいと必死に子供にピアノを習わせる親がいます。しかし、子供にとっては酷なことで、子供自身が望んでいるのなら別として、無理やりやらされたのではたまったものではありません。自分の夢は、自分で叶えなければいけないのです。これも同様。夢の押しつけです。また、お金で苦労した人は、子供を無理やりお金持ちと結婚させたりすることもありますが、幸せの形も人それぞれです。

しかし、小さい頃は親がすべてですから、なかには「親のために生きる」のが自分の使命だと勘違いしてしまう子供がいるかもしれません。そして、そんな使命感と自分の意志とのバランスが取れないまま成長してしまうと、子供の心はいつしか迷子になってしまいます。

では、子供の心が迷子にならないようにするためにはどうしたらいいのでしょうか。

親が一方的に「導く」ことをやめることです。それよりも「何かあったときに困らないようにサポートする」という姿勢を持つべきです。

私自身、息子をお坊さんにしようとは思っていませんが、かりに将来息子が自分から「お坊さんになりたい」というなら、そのときには困らないように、という心づもりだけは持っています。

ですから、無理やりお経を覚えさせることはしませんが、もしもお坊さんになりたいというなら、その準備の手伝いはするでしょう。たとえば、比叡山の修行では、お箸を正しく持てない人は即刻下山させられます。ですから、そうなったときに困らないように、お箸の持ち方だけは教えておこう、という姿勢です。


「みんなで幸せになろうね」がコンセプトの大乗仏教では「誰かのために」という精神をとても大切にします。

しかし、ここで忘れてはならないのが、「誰かのため」の行いをするときは、必ず「そこに自分の意志と幸せがあること」が条件だということです。

この条件が満たされてこそ、はじめて「みんな」が幸せになるのです。

「本当になりたいあなたの姿は何ですか?」

「あなたの夢はなんですか?」

本当にあなたのことを愛している人は、親であれ、伴侶であれ、恋人であれ、自分の理想像をあなたに押し付ける人ではありません。

あなたのなりたい理想像にあなたがなることを心から喜んでくれる人。それが、あなたのことを本当に愛している人なのです。

なりたい自分になることを自分と約束し、それに向けてまっすぐ生きる。

あなたのことを心から愛し、応援してくれる人は、あなたのそんな姿を誰よりも喜んでくれるのです。

持戒④　自分の恋と他人の恋、互いに認め合う

他人の恋愛を笑うな！

似たようなタイトルの小説や映画がありました。私は常々その言葉を肝に銘じています。

そのわけは、人の恋愛を笑う人に限って、自分はマトモな恋愛をしたことがなかったり、いつも恋愛で失敗していたり、とんでもないパートナーと腐れ縁状態を続けていたりするからです。

「人の恋愛を笑う」＝「バカにする」という行為は、一見自分の恋愛とは関係ないようにも思えますが、決してそうではありません。

「因果は巡る」

「因果応報」とも言いますが、仏教の教えでは、すべての物事には因果関係があると言われています。

人の恋愛を笑う人は自分の恋愛で笑えない、そんな「業」を自ら作っているのです。

私が結婚して1か月ぐらいたったときのことです。

とある仕事の打ち上げで居酒屋にいたところ、いきなり泥酔状態の見知らぬ美女（30代半ば？）から絡まれたことがありました。その女性は私を指さしてゲラゲラ笑っています。「失礼な人やなー」、そう思っていると、向こうから話しかけてきました。

「あんた〜マジありえない！　服装ダサイ！　そんな服いまどき誰も着ないし〜！　マジダサイって〜！」

そして、今度は男友達をわざわざ連れてきて、無礼は続きます。

「ねえ、見て、見て〜あの落語家とかいう人、マジ、ダサイでしょ？　ありえないでしょ。アハハハ」

すると側にいた男友達の一人がいいます。

「おい、やめろって。それにあの人この間結婚したばかりで、隣におるの、旦那さんやで？　怒られるで」

するとその女性、今度は血相を変えて私に怒り出しました。

「はあ!?　なんであんたみたいなダサイ奴が結婚できるワケ？　ありえない！　ありえない！　ありえなーい！」

「いや…あなたのほうがありえないケド…」

驚きを通り越して、あきれている私に、男友達の一人が謝ってきました。

「すいません。彼女、1週間前に結婚を約束してた彼氏にフラれたばっかりで、酔ってて」

「そうなんですか。でも、美人な方なのに、もったいないですね」

「そうなんですよね～。でも、酔ってのことなので、許してあげてください」

「なんでやねん」と、私はひと言。

「私に許してというぐらいなら、彼女に注意したらどうですか？」

すると、男性は彼女に意見するのが怖いのか、モゴモゴ。

その後も彼女の罵詈雑言は続き、2時間後、彼女はタクシーで居酒屋を去ることになりました。

私はタクシーに乗り込む彼女に言いました。

「ちょっと待ってください。あなた、私に一言謝るべきだと思いますよ」

すると彼女は顔を真っ赤にして、逆切れです。

「はあ？　なんで？　なんで？」

「あなた、人にこれだけ失礼なことをしておいて、そのまま帰ろうなんて、大人がすることと違いますよ。謝ってください」

結果、彼女は男友達に泣きついて「あたし、悪くないよね～？　悪くないよね～？」と、子供のように大泣きしながら逃げるように帰って行きました。新婚なのに旦那がいるところで「ダサイ」を連呼された私のほうがよっぽど泣きたかったのですが……。

せっかくの美人なのに酒グセが悪く、人をバカにし、謝ることをしらない、ケジメがない彼女。1週間前に婚約者にフラれたことはお気の毒ですが、私には無関係のことで、無礼をはたらいてもいい理由にはなりません。

たしかに私は実用的な服装しかしませんから、ダサイと言われれば、ダサいです。

彼女はその「ダサい女」が、まさか自分がしたくてもまだできていない「結婚」をしているということに、ナントモ腹が立って仕方がなかったのか、人を指さして勝手に笑い、勝手に泣いて帰っていったのです。

自分の色が決まっていれば、他人の色も綺麗に見える

「みんな違ってみんないい」

仏教では、その教えがあらゆるシーンで登場します。

その代表ともいえるのが、阿弥陀経というお経に登場する「青色青光 黄色黄光 赤色赤光 白色

白光」という部分。

これは、青い花には青色の光、黄色の花には黄色の光…と、それぞれの花にそれぞれの美しさ、良さがある、という教えなのです。

誰もが知っている童謡『チューリップ』にも登場します。

♪咲いた咲いた、赤白黄色、どの花見ても綺麗だな♪

自分のカラーが決まっていれば、他の色に嫉妬することはありません。嫉妬は自分の成長を止める毒の水。嫉妬しないからこそ、大きな花を咲かせることができるのです。

また、2003年発表のSMAPさんの『世界に一つだけの花』も大ブレークしました。いい歌ですね。巷ではこの歌の流行に伴い、歌詞の中の「オンリーワン」という言葉も愛されるようになりました。

「ラブラブマット」をご存じですか

「新婚さんいらっしゃい」という番組が大好きです。なにを隠そう私自身も結婚したときに出させていただきました。あの番組のなにが好きって、「世界一幸せなオンリーワン夫婦」が毎週出てきて、見てるこちらまであたたかい気持ちになれるからです。

結婚前はひとりで視聴していましたが、結婚後は夫婦で視聴。今までで一番驚かされたのが「ラブラブマット」なる秘密のアイテムを駆使する「80歳と79歳の新婚さん」でした。

聞けば、この新婚さんは生涯ラブラブでいるために、A3ほどの大きさの紙に足型を向かい合わせにふたつ書き、毎日互いにそこへ乗ってハグをしているとのこと。

それこそ、テレビの前では「バカじゃないの?」という人もいたかも知れませんが、私たち夫婦には心あたたまるエピソードで、「最高の夫婦やね!」と話しあっていました。

翌日、私が仕事から帰宅すると、我が家の玄関にも「ラブラブマット」に似たものが配置されていました。しかも、ご丁寧に片方には「まるこさん」と書いてあります。目の前にはドヤ顔の夫。私としても、夫のお茶目に負けるわけにはいきません。早速マジックを持ってきて、もう一つの足型に十字架を書いてやりました。夫はキリスト教徒です。

「これではまるで踏み絵！　こんなんされたら踏まれへん！」

オンリーワンの夫婦からいただいたお遊びを、私たち夫婦にしかできないシャレで遊ばせてもらいました。オンリーワンの輪が広がっていく瞬間です。

私たちには私たちの幸せがある、他所には他所で幸せの形がある。「世界一」は、この世の中にいっぱいあって、それでいいのですね。

「一隅を照らす、此れ即ち国宝なり」

伝教大師最澄上人の言葉に「一隅を照らす、此れ即ち国宝なり」という教えがあります。

この教えはまさに「ナンバーワンよりオンリーワンの教え」で、「一隅を照らす」とは「自分の持ち場で、自分の役割を一生懸命頑張って、明るく光り輝きましょう」という教えなのです。

そうして一人ひとりが輝くことによって、世の中全体が明るくなり、社会が平和になるということで、続く「此れ即ち国宝なり」は、そのように「自分の役割を頑張る人間こそが国の宝物」ということなのです。

何も難しいことをしろといっているわけではありません。八百屋さんなら八百屋さんの、芸人なら芸人、コンビニ店員ならコンビニ店員、主婦なら主婦で、自分の役割に誇りを持って、その役割を全うすることが「一隅を照らす人」なのです。

しかし、ここでひとつ覚えておきたいのが「一隅を照らす人」になるための心構えです。一般的には「その人しかできない仕事」をしていることが「オンリーワン」といわれますが、前述のように「一隅を照らす」は職種のことを表しているわけではありません。自分の与えられた場所でベストを尽くすことが「一隅を照らす」です。

そして、一隅を照らす人になるために覚えておかなければいけないことが「みんな違ってみんないい」ということ。

他のオンリーワンを認められる人でなければ、自分もオンリーワンにはなれません。せっかく才能に恵まれていて、自分だけしかできない役割がある人でも、心の中で自分以外の人や仕事をバカにしていたり、見下したり、差別をするような「自分だけが一番」という人は、「オンリーワン」ではなくただの「ひとりよがり」なのです。

『世界に一つだけの花』でも歌われているように、私たちは「もともと特別なオンリーワン」ですから、ひとりひとりが生まれたときから「もともと特別な仏様の宝物」なのです。

自分も他人もみんな宝物。そう思えばこそ、人を尊敬する気持ちや思いやりの心が持てるようになるのです。

多くの不幸の原因は、その人の心にある

さて、居酒屋で絡んできた件の女性に話を戻しましょう。

彼女のような性格の人は、いつも自分本位のものの見方で人を小馬鹿にし、自分の夢を人が叶えていることを知っては嫉妬して怒り、泣いています。

彼女の心の中には、仏教が説く三毒「貪・瞋・痴」(とん・じん・ち)が常に渦巻いています。「貪」は「むさぼる心」、「瞋」は「怒り、恨み」、「痴」は「愚かさ」です。

彼女の不幸の原因は、すべて自分のものの見方や感情が作り出しているものであり、それを改めないかぎり、彼女は幸せになることはありません。恋愛はもちろん、人をバカにする人は何をやってもうまくいきません。

「ひとりよがり」になるか、「オンリーワン」になるか、その分かれ道に立っている看板は、いつも「互いの違いを認め合おう」と声を大にして叫んでいるのです。

第3章　幸せになれる教え「六波羅蜜」その③…忍《にん》辱《にく》

今、耐え忍ぶことは、幸せな未来のための時間

忍辱①　「我慢」で解決する恋愛関係はない

我慢は良いこと？　悪いこと？

「長年、夫から暴力を受けて悩んでいます。別れたいと思うのですが、五歳と三歳の男の子がおり、子どもの将来を思うと離婚に踏み切れません。また、離婚しても働いて生活していける自信もなく、日々、苦しんでいます。ただ、私さえ我慢すれば穏便にすむのかと……」

私がメールでお受けしているお悩み相談のなかにＤＶ（ドメスティックバイオレンス）があります。夫が妻に、妻が夫にふるう肉体的、精神的な家庭内暴力ですが、ほとんどの場合は夫や恋人の暴力に苦しむ女性からの声です。

時折ニュースになる子どもの「いじめ問題」同様、事件として扱われるのは氷山の一角にすぎず、多くの女性がＤＶの悩みを抱えて生きていることは間違いありません。

「いじめられるほうにも非があるのではないか」

たとえば、学校内のいじめのケースでは、同級生の執拗ないじめから自殺に追い込まれた子どもがいると、こんな声が聞こえてくるときがあります。同じようにDVにあっている女性に対しても同じ論理を持ち込む人がいます。

「殴られるほうにも殴られる理由があるんだ」

どちらも、実に乱暴な意見というしかありません。

「いじめもDVも、悪いのは加害者」

この点だけは、私は絶対に譲れません。

しかし、DVの相談をお受けするようになって、私は、そのメールに綴られた言葉に、あるひとつの共通点を見出すようになりました。切々と現在の苦しみを訴えてきた文書の最後には、いつもこうあります。

「私さえ我慢したらいいのでしょうか……」

実は、この考え方こそがDVの被害から逃れる道を遠ざけてしまっているのです。

「私さえ我慢したら……」という気持ちの裏にはこんな考えがあるのではないでしょうか。

「DVの被害も自分ひとりで最小限に収めておけば、相手の気持ちもこれ以上エスカレートしないのではないか」

自分だけが我慢すれば、事態は丸く収まり誰も傷つかないという考え方です。

厳しい言い方ですが、これでは問題はなにひとつ解決しません。

我慢してもその効果は表面上のもので一時的なものにしかすぎず、別の言い方をすれば「現実逃避」。目の前の現実を直視せず、問題から逃げているだけのことです。これでは解決どころか、悪化の一途をたどるばかりです。

そもそも「我慢」とは何でしょうか。

「辛抱」や「我慢」という言葉は、私たち芸人や職人さん、お相撲さんの世界などでは好んで使われる言葉です。

「石の上にも三年」などといいます。冷たい石の上に三年も辛抱して座っていれば、やがて温かくなってくる。つまり、我慢づよく辛抱していればやがて成功する……という意味です。

このように、日本では昔からこの「我慢」を美徳とする風潮があります。

でも、本当に「我慢」は美徳なのでしょうか。

もともと「我慢」とは仏教用語です。しかし、それは決して良い意味の言葉ではありません。

人間には百八つの煩悩があるとされますが、「我慢」はそのなかのひとつを表す言葉でした。

そして「我慢」とは、強い自己意識から起きる「慢心」のことであり、自分本位で自分に執着するあまり、他人を尊重せず軽んじる心をいうのです。つまり、自分と同等の人に対して「上から目線」の態度をとること。これではとても美徳とは呼べませんがいつのまにか「我慢」が「耐えて忍ぶ」＝「忍耐・忍辱」と似た意味で使われるようになったのです。

まさに「我慢」と仏教が説く「忍辱」とは、似て非なるものといえるのです。

「忍辱」とは現実に向き合うこと

そこでこんな声が聞こえてきそうです。

「では、理不尽なDVには我慢ではなく耐え忍べばいいのですか？」

私の答えは「イエス！」です。「？」という方も多いでしょうね。

しかし、ただ耐えるわけではありません。耐えている間にDVに対する対処の仕方を考えるのです。対処の方法といっても、逆に相手に暴力をふるうとか、自らの命を絶ってしまうということではありません。そこで「忍辱」という考え方を知ってほしいのです。

本来「忍辱」には「怒りを捨てる」という意味があります。

最古の仏教の教典である法句経で、お釈迦さまはこう説かれています。

「怒りの連鎖、報復の連鎖からはけっして幸せは生まれない」と。

つまり「怒りを捨てる」ということも「忍辱」には必要不可欠なことだと教えているのです。怒りを捨てるとどうなるのか。冷静な気持ちになることができます。冷静になって考えれば、DVへの対処法も思い浮かぶでしょう。

DVに悩む女性に、あるとき私はこう答えました。

「夫の毎日の行動パターンをよく把握し、夫のいない時間帯に見つからないようにDVの専門機関に相談に行ってみてください。身を隠すことのできるシェルターなどを紹介してくれるはずです」

実際に、地方によって差はあるものの、基本的には行政のDVに対する体制は近年、整ってきており、DV被害者が「我慢」という選択をせず、最初の一歩を踏み出せば、何かしらのサポートをしてくれるのです。

「我慢」と「忍辱」の違いは、般若心経の「諦」の教えとよく似ています。

「諦」は単に物事を「あきらめる」という意味ではなく「物事を明らかにする」という意味です。言い換えれば「現実的な対処をする」ということです。

「我慢」とは、結果的に現実逃避を招く「慢」という欲望が原因になっています。

ですからＤＶの問題以外にも、恋愛における人間関係を築こうとしたとき、どちらかが「我慢」をすると、二人の間に起きるさまざまな感情や出来事に対して、いつも現実から眼をそむけるようになってしまいます。

たしかに「我慢」は、一時的に自分を楽なほうに逃がしてくれるでしょう。

でも「忍辱」の意味を知り、怒りを捨て耐え忍ぶなかで現実と向き合っていくことのほうが、はるかに幸せへと近づく道なのです。

恋人関係の「我慢」の聞こえはいいが……

男女の間で「我慢」をするとどのような問題が起きるか、私たち夫婦の例を挙げてみましょう。

大治朗と結婚する前のことです。当時、私たちは交際して約半年。初めてのバレンタインデーのことでした。その日、数日前から用意しておいた手作りのチョコを手渡したところ、大治朗の言葉に私は思わず耳を疑いました。

「いりません！」

私でなくても、交際中の男子からバレンタインデーのチョコを拒否されたら、どんな女子だって傷つくでしょう。

「なんで?」

理由を聞くと、大治朗はこう答えました。

「先日、師匠のところでしくじってしまったことがあるので、いまは反省の意味をこめて甘いものを断っています。だからチョコは受け取れません」

大治朗も芸人ですから師匠がいます。その師匠の前で何か失敗をしたようで、自戒の意味をこめて、甘いものを口にするのを「我慢」しているというのです。

でも、大治朗の「我慢」は自分本位。恋人である私の気持ちとは関係ありません。私はとてもショックで、チョコをゴミ箱に投げ入れました（その後、もったいないので拾って食べました）。

そう、これが「我慢」でなく「忍辱」だったなら、大治朗は私のチョコを受け取り自分の家に持ち帰っておき、そこで「師匠の許しをもらえるまでは甘いものは絶対に食べないぞ」という自分の約束を守り、口にしなければいいだけの話なのです。

「我慢している」というと聞こえはいいのですが、自分だけでなく周りの人を不快な気持ちにさせてしまうのが「我慢」なのです。

正直いって、このときばかりは私も人治朗に腹を立て、もしかしたら、これが原因で別れに発展していたかもしれませんでした。

「我慢」は、恋人同士には何ひとつプラスをもたらしません。

「我慢」と「忍辱」の違いをよく心得ること。それは恋人同士に限らず人間関係を円滑にすすめる重要なポイントとなるはずです。

忍辱②　「慢」の正体は思い上がり

「我慢」とはまったく違う「忍辱」

そもそも『慢』の意味を調べてみると、こんな言葉が登場します。

「怠慢」……心がゆるんで締まりがない様。

「緩慢」……速度や進行がだらだらと遅い。

この他にも「自慢」「過慢」「増上慢」「卑慢」「邪慢」など、どれをとってもどうも褒められた様子を表す言葉ではありません。

前の項で述べたように、自分本位で人を軽んじるのが「我慢」なら、その逆に、自らを卑下することで自分は謙虚な人間だと思い上がるのが「卑慢」です。このような人は意外に多く、とても鼻持ちならないものです。

いずれにしても「慢心」という思い上がった心のせいなのです。

その点、人格者といわれる人にはこの「慢心」がありません。私はよく師匠のお供で立派な会社の社長さんにお会いすることがありますが、その人たちの言葉を聞いていると、特徴がありま す。

「うちの会社はこういうところが欠点です」

まず、自分の会社の欠点を見つめ、それを修正しようと常に努力している。

「でも、こういう部分は他の会社には負けません」

欠点を認め修正しつつ、人に誇れる仕事をしているからこその自信がある。

人格者と呼ばれる人は謙虚なのです。つまり「慢」がありません。だから、飾らないありのままの言葉が人の心に届き、まわりの人を幸せな気分にしてくれます。

「慢」が相手に不愉快な思いをさせてしまうものなら、逆にこの「慢」さえなければ、私たちは人から信頼され居心地のいい人になることができるはずです。

恋愛だって「慢」という思い上がった心があると、相手に自分の要求ばかり押しつけて精神的な負担をかける〝不愉快な人間〟になってしまいます。

「忍辱」の心で良縁をつかんだ私の友人K子の話をしましょう。

耐えて忍べば「良縁」がやってくる

「一目惚れっていうんかな、私、めっちゃ、好きな人がおるねん」

数年前のことでした。私の高校時代からの友人K子が嬉しそうにいいます。K子は大学に進み、卒業して希望の会社に就職し営業職として働いています。

あるとき、同僚の紹介で同業他社の男性と出会い、一瞬のうちに恋に落ちたというのです。

「それでどうしたん、すぐに電話したん？」

せっかちな私は思わず膝を乗り出しました。いまどきの積極的な女性なら電話番号やメールアドレスを交換しようものなら、翌日から徹底的にアピールしそうなものですが、このときK子がとった行動は、まったく別のものでした。ひと言でいえば「忍の一字」。

「だって、〝仕事〟という関係で出会ったのに、私の気持ちを一方的に伝えたら彼の負担になるかも」

そのような思いを会社の同僚に漏らしているうち、数か月後、その思いが彼のもとに伝わったというのです。

連絡を取り合うようになり交際をスタートさせた二人は、その後、ゴールイン。今は二人の子どもに恵まれ幸せな生活を送っています。

私は幸せなK子を見るたびに、K子が幸せになれたのは「忍辱」の心があったからではないかと思ったものです。

もし、K子が最初の出会いからいきなり電話攻勢やメール攻撃に出ていたら、どうなっていたでしょうか。自分が彼のことを好きだから、思いのままに行動するという姿勢は、自分本位なだけのもの。それは結果として「慢」に通じる行為です。

出会いは同僚の紹介で、あくまでも仕事上のことでした。はじめから合コンやお見合いパーティなら別ですが、仕事の上での出会いならお互いの立場を尊重し、それなりの気遣いをもって相手との距離を保つ。初対面でどんなに心を奪われたとしても、それがマナーというものでしょう。

誰だって恋をすればその人にいつも会いたいと思うのは当たり前のことですが、K子が賢明だったのは、思い上がりの「慢」の心ではなく、耐えて忍ぶことで社会人としてのマナーを優先させたことでした。それがK子の恋を成就させたのです。

よく仏教では「ご縁」ということをいいます。

「あなたと私はご縁がある」とか「金の切れ目が縁の切れ目」などと使います。これは、人と人とのかかわり合い、物事とのかかわり合いをいうのですが、見ず知らずの男女が出会う瞬間こそ、恋愛における本当のご縁でしょう。

忍辱③　「一人では生きられない」を受け入れる

あなたは、ずっと一人で生きていけますか？

「38歳になる独身の姉が実家で両親と同居しています。

両親はもう70歳近くになり、わずかな年金で細々と暮らしているのに、姉は家計を助けるどころか、食費も払わず収入はすべて自分の趣味のことに使うばかり。そして何ひとつ家事もしないくせに文句ばかりいう。

妹の私としては両親のことが心配です。姉には一日も早く結婚するなり、家を出て自立してほしいのですが頑としていうことを聞いてくれません。何かいいアドバイスはないでしょうか」

ある女性から寄せられたご相談です。非婚化、晩婚化が叫ばれるようになって、最近はこんなご相談も多くなりました。

このとき私は、思わず「パラサイトシングル」という言葉を思い出していました。もう二〇年以上も前に流行った言葉です。パラサイトとは寄生虫のこと。つまり、いつまでも親に寄生して生きている独身者のことです。

もちろんなかには病気や離婚で、やむを得ず親と同居をしている人もいるでしょうが、ここでいうパラサイトシングルは、精神的にも肉体的にも親に依存し自立できていない人のことを指します。ところが、当事者に話を聞いてみると、意外にもこんな意見が返ってきます。

「親と同居してやっているのに、どうしていけないの？」

そんな風に、開き直る人もいますし、また、親のほうも、

「可愛い息子や娘が家にいてくれたほうが安心だし嬉しい。それに不幸な結婚で苦労するのを見たくない」

と、いつまでも子離れできないでいることも多いようです。

私自身、18歳で親元を離れ、その後、大師匠のお宅で住み込みの弟子を三年、修業が明けてからは姉と二年の同居、24歳で結婚し、現在は夫と子ども三人の暮らしをしています。それこそ昔も今も、毎日、働きアリのように動き回っていますから、そんな生活は考えてみたこともありませんでした。

たしかに、親に寄生して生きている人にとって、当然、その生活は快適でしょう。見渡すと私の周囲にもチラホラ。同い年の友だちなどは、

「だって食事は毎日三食親が作ってくれるし、部屋が汚れていれば掃除もしてくれるし、下着を出しておけば洗濯もしてくれるし、こんな快適な暮らしを捨ててまで、どうして結婚なんかして苦労しなくちゃいけないの？」

こんな調子ですから、男性と知り合っても恋愛の対象にはならないのだそうです。

「自立」とは「人に頼らないこと」ではありません

もともと仏教では、人間とは自立できない生き物であると教えています。

でもそれは「おんぶに抱っこ」という甘えた関係をいうのではありません。人間とは一人で生きているのではなく、人と人が「支え合っている社会」に、共に生きているものという意味なのです。人と人は「ご縁」があって生きているものなのだと。

よく考えてみれば、この社会で「私は一人で生きている！」と思っている人はいないはずです。

ちょっと考えてみれば、誰にもわかることです。

お米を作る人がいなければご飯はいただけませんし、木を削る人、製材する人、切って組み建てる人がいなければ、家は建ちません。また、暮らしに絶対欠かせない水道も電気も、それを作る人がいなければ生活できませんし、コンビニの棚に並んでいる便利な商品だってそうです。すべてにいろいろな人の手と生き物の命が関わっているのです。

だからこそ、人間はたった一人では生きていけない生き物なのです。一人では生きていけない以上、人に頼るしかありません。

だから、私たちは成長していくとともに「頼れる相手」を増やしていくのです。

たとえば、私たちは子どものころ、頼れる相手といえば、親はもちろんのこと、学校の先生だったり、親戚の叔母さんだったりしました。そして成長していくにしたがって、学校の先輩や会社の上司などがその存在に加わっていきます。

私の場合、仕事の愚痴は夫に、子育ての悩みは母に、しょうもない話は姉や友だちにという具合に、話すテーマによって頼る相手を代えています。

でも、これらのことをすべて夫や母一人に話していたらどうでしょう。相手はきっと負担に感じて私から離れていってしまうに違いありません。だから仏教でいう「自立」は、「一人で生きる」ことではなく「共生」を意味するのです。

「共生」とは文字通り「共」に「生きる」ことです。共に生きるとは、お互いに頼れる関係を築いていくことなのです。

彼との恋愛においても同じことです。

恋人ができるとつい仕事の愚痴から、親のこと、友だち関係の悩みなど何でも聞いてほしいと思いがちです。でも恋人という存在は、あくまでもあなたの人生のなかで「主な関わりを持つ人の一人」でしかないのです。そのことを肝に銘じておかないと、知らず知らずのうちに、恋人に対する精神的なパラサイト（寄生虫）ということになってしまいます。これでは恋人だって疲れてしまうでしょう。

人に頼ってもいいけれど、依存してはいけないというのは簡単そうで難しいものです。

恋愛をすれば四六時中一緒にいたいと思うのは当然でしょう。でも、そうできない時間をどのようにして耐え忍べばいいのか。

目の前にいない彼を思ってぼんやりするのもいいでしょうが、考えてみれば、それも精神的な依存です。「忍辱」は、けっして辛いことばかりではなく、視点を変えれば喜びにもなります。

恋人と離れている時間は、自分磨きの趣味や勉強のために有効に使う。

それも「自立」のひとつではないでしょうか。

忍辱④　「軽い恋愛」と「真剣な恋愛」

恋愛に「順序」は必要？

恋愛がはじまると、やがて肉体関係に発展することもあるでしょう。男女であれば自然なことです。

でも、真剣な恋愛感情を抜きにして、肉体だけの快感だけを求める人もいます。人それぞれですから、そういう生き方が間違っていると否定するつもりはありませんが、私はそういう生き方をしたいとは思いません。

でも、ひとつ忘れてならないことがあります。

こと、男女の肉体関係に関しては、男性のなかには女性と違った受け止め方をする人がいるということです。

「恋愛ではなく、求めているのは肉体関係」

こう考えて、女性と付き合う男性です。

もちろん、女性のなかにもこうしたタイプの人がいることも否定できません。男女それぞれが割り切っているのなら、そのような行為も勝手ですが、もし、女性がいい恋愛、いいパートナーを求めているのなら、肉体関係を結ぶまでにはそれなりのプロセスが大切だと、私は思います。


自分の気持ちに正直で、とっても素直な心の持ち主の友人・Y子。

しかし、そんな素直な性格が恋の面では災い。ちょっとでも心を惹かれる男性が現れると心も体もすぐに許してしまいます。そのために、何人かの男性とお付き合いをしましたが、なかなか長続きするいい恋愛関係を築くことができませんでした。

そんな彼女ですが、ついに5年前、素晴らしい人柄の男性と結婚しました。

「どうして結婚することになったの？」

結婚願望がありながら、これまでそれを叶えることのできなかったY子。そのことを知っている友人が尋ねました。すると、彼女はじつにシンプルに答えたのです。

「すぐに体を許さなかったこと」

今も昔も好きになった相手と肌を重ねたいと思うのは人間の本能です。

日本では昔から女性の性欲をタブー視する傾向があるため「性欲」＝「男性の本能」とも考えられがちですが、女性にもそういった欲望は存在します。

「好きな相手と肉体関係を持ちたい」と女性が願うのは何もおかしいことではありません。


けれども、もしいい恋愛関係を求めるなら、やはり一度や二度のデートですぐに肉体関係を持つことは感心しません。相手の男性がいい恋愛関係、あるいは結婚を視野に入れた付き合いを求めているならいざしらず、簡単に体を許すことによって、自分の値打ちを下げてしまうことになりかねません。

いい恋愛関係を求めるなら、その関係を深める順序というものを軽く見てはいけません。

仏教の教える「順序」の大切さ

仏教でも、あらゆるところで物事の順序というものをとても大切にします。

修行の仕方、食事の摂り方はもちろんですが、お経の勉強の仕方にも、実はきちんと定められた順序があるのです。

ここに「五種法師」という教えがあります。いわば、お経の「取扱説明書」です。

「般若心経を暗記したいのですが、どうしたらいいですか?」

そう尋ねる人がいます。般若心経を深く知りたいという思いなのでしょう。でも実際には、般若心経にかぎらず、経典を暗記する必要はありません。それでも、教えを極めたいという人のためのガイダンスともいうべきものが「五種法師」で、手あたり次第に暗記したりするよりも、とても効率的なお経の勉強の仕方があるよ、というアドバイスがお経の中に書いてあるのです。

①「受持（じゅじ）」……これは教えを受けて深く信じ、心に念じて固く持ち続けること。

②「読（どく）」……字のごとくお経を読み、お唱えすること。

③「誦（じゅ）」……お経を暗誦すること。お唱えするうちに口が、体がお経のリズムを覚えていきます。

④「解説（げせつ）」……お経の意味を人に説明すること。説明するには勉強して意味を知らなければなりません。

⑤「書写（しょしゃ）」……お経を書き写す、つまり「写経する」こと。

そもそも写経は古くから大切な仏道修行とされてきました。写経をすると、他の人にお経の素晴らしさを広めることができるうえ、自分の中の信仰心を再確認することができます。

こういった手順を踏んでいくことによって、お経の教えを自分の心の軸にすることができるというわけです。

本当に手に入れたければ「急がばまわれ」

お経を安易に「自分のもの」にしようとすると「暗記」をするのが手っ取り早い方法と思われがちですが、そうではないことがよくわかっていただけたかと思います。ちゃんと時間をかけて順序を踏んでいくことによって、心も体もお経と一体になれるのです。

恋愛も同じように、相手に関心をもってもらいたい、好きになってもらいたいと思うあまりについつい安易に体を許してしまいがちですが、それはまったくの逆効果。関心を持ってもらえるどころか、かえって相手を遠ざけてしまうことにもなりかねません。「愛は育てるもの」という恋愛の原則からすれば、相手を知るためにはしっかりと順序を踏んでいくほうが、より自然に相手との関係を築けるものなのです。こんな言葉があるでしょう。

「急がばまわれ」

さてここで、ぶっちゃけた話をしましょう。「人の体には『魔もの』が棲んでいる」というお話です。

実は仏教の古い言葉・梵語には、人間の体のそれぞれの部分に呼び方があります。

そして、その呼び方の中にひとつだけ「魔」という漢字がつくものがあります。これは諸説あるので造語という説もありますが、男性器に使われる言葉です。

漢字では「魔羅」と書き、もともとは「マーラー」という言葉で「仏道修行の妨げになるもの」という意味がありました。これは、決して下世話な会話の中で使われるイヤラシイ意味ではありません。

真面目に考えていただきたいのですが、本当に性器、性欲というものはこの漢字の表すように「魔」ではないかと思うことがあります。

なぜなら、性器があって、性欲がなければ私たちの命は生まれませんし、子孫も残せないわけですが、その「魔」の向かう方向によっては仕事や人間関係に大きな悪影響を及ぼしかねません。

そして、その「魔」によって傷つけたり傷つけられたりという、絶対にあってはならないことが起きてしまうからです。

人間にはもともと「仏性《ぶっしょう》」といって、悟りをひらくための種が備わっています。しかし、それと同時に危険な「魔」をも己の身に秘めているのだという自覚を持つことが大事であり、そして、その「魔」の誘惑に屈しない理性を持つことがとても大切だと思います。

仏教では己の欲とうまく付き合うことが、「悟りへの道」だと説いています。

自分の心のなかで魔になりかねない欲をしっかりと見つめ、うまくコントロールしていくことが大切なのです。つまり、いい恋愛をしたいなら、簡単に体を許してしまってはいけないということ。

「欲」がいけないといっているのではありません。まずは、その欲という「魔物」の誘惑を上手に手なずけることです。それがいい恋愛を成就させる秘訣だと思うのです。

忍辱⑤　相手に求めるだけでいいのか

他人の心は変えられない！　だから、自分が変わる

「一緒に暮らしてみてはじめてわかったわ。彼は食事の後片付けすらしないし、週に3度のゴミ出しも私。それだけじゃなくて、彼はケチだから、独身時代から使っている古い冷蔵庫を持ち込んできて、私がどれだけ新製品を買いたいといっても『まだ使える、もったいない』と許してくれないの。もう、経済観念から生き方まで価値観がまったく違う。だから、もう無理！　これ以上一緒にいられない」

結婚二年目の友人。25歳のとき大手商社に勤めるイケメンの彼と結婚。人も羨む新婚生活を送っているとばかり思っていたのですが、久しぶりに会った彼女の口から出てくるのは愚痴ばかりでした。

「本当に人の気持ちって自分の思いどおりにはならないよねぇ……」

そういって悟ったように帰っていった友人ですが、本当に人の気持ちは簡単に変えられるものではありません。

恋愛において、よく相手の気持ちを変えようとする人がいます。この友人のように結婚生活のことはもちろん、自分の趣味や好みの色に相手を染めたがる人。つまり自分が頑なに信じている価値観を無理やり押しつける人――。

どんなに好きでも、カレがそんな人だったら結婚生活も辛いだろうなぁ……。友人の話を聞いたあと、私は、お釈迦様のおっしゃる、こんな言葉を思い返していました。

『**一切皆苦**』……すべてのものは皆、苦しみである。

え～ビックリ、仏教ってそんなに悲しい教えなの？　と思われる人もいるかもしれませんが、仏教で説かれている「苦」とは、「自分の思うようにならない」ということなのです。

たとえば、仏教では恋愛での苦しみ以前に、私たちの「いのち」に関することでもっと大きな苦しみがあるといっています。

『生老病死《しょうろうびょうし》』

これは「生きる」苦しみ、「老いる」苦しみ、「病気になる」苦しみ、「死ぬ」苦しみの四つです。

これは誰も避けて通ることのできない苦しみで、たとえお坊さんになって大変な修行をしても、この四つの苦しみを特別免除されるわけではありません。

以前、そんなお話をある女性にしたところ、その女性はこういいました。

「それなら宗教なんて意味もないし、お坊さんもいらないじゃん。いくら善を積んでも意味ないでしょ？」

ちょっと怒った言い方をされたのでビックリしたのですが、お話をうかがうと、その女性は「生老病死」の苦しみから逃れたい一心で、毎日仏様に祈っている方でした。どうやら、絶望的な気持ちになったようです。

でも、ここで絶望的になる必要はありません。なぜなら仏教はこの女性がはじめに期待していたように、やはり私たちの苦しみを救ってくれる教えだからです。

では、お釈迦様はそんな我々の苦しみをどのようにして救ってくださるのでしょうか。

私は、この女性に次のようにいいました。

「仏教はあなたのガードマンじゃないんです。あなたのスーパー終身型保険なんですよ」

決してふざけているのではありません。あくまでも本気のお話です。

よく、お寺にお参りに来られる方のなかには、この女性のように仏様に祈っていれば病気にならない、事故に遭わない、そう思われている方が多いのです。でも、決してそうではありません。私たちお坊さんも病気になるときはなりますし、事故に遭う方もなかにはいらっしゃいます。

でも、実際にそうなったとき、その苦しみに直面したときに〝どういう心持ちでいさせてくれるのか〟が、仏教が説く「苦」からの解放なのです。

仏教ではもともとこの世は苦しみの多い世の中だと説いています。

そして、この世のことを別名「忍土《にんど》」——つまり、耐え忍ぶ地であるといっています。でも、そういう苦しみの多い世の中だからこそ、仏教は「苦しみをなくす」のではなく、「苦しみを苦しみと思わない心持ち」を教えてくれるのです。

だから私は、仏教の教えは、何かつらいことがあったときに必ずそれを乗り越えられる心持ちを、その都度その都度与えてくれる「スーパー終身型保険」と呼ぶのです。

加入条件は厳しいのか？　いえいえ、加入条件は、ただ一つ、仏様に一心に祈ることだけです。

私だって死ぬのは怖い

　では、仏教徒である私の場合、生老病死の苦しみを実際にどう受け止めているのか。まだ三十年しか生きていない若輩者ですが、私にもそれなりに生老病死への恐怖、苦しみがありました。

　高校生の頃は、実は本当に生きることに苦しみを感じていました。本気で自殺したいと考えたこともありました。でも、このときすでに仏様とのご縁をいただいていたので、こう考えることができたのです。

「私は仏弟子だからお釈迦様のおっしゃることをやらなきゃいけない。お釈迦様は自殺はダメだと言っているから、死ぬのはやめよう。自殺はダメだということは、きっと生きることに意味があるはずだ」と。

　また、「老いる」ことにも恐怖はあります。とても勉強になったのは内弟子時代のことでした。住み込みの弟子として育ててくださった二代目・露の五郎兵衛師匠は、私が入門した当時73歳でした。いろいろな病気を経験され、体力が落ちていました。それでも芸人の魂だけは健在で、こんなことを言っていました。

「昔のような脂ののった落語はでけへんけど、落語家には枯れたら枯れたなりの良さがある。だから落語は一生もんの仕事で、芸に完成はないのや」

この言葉を聞いたとき「老いと付き合う」ということの意味を少しだけ知ったような気がしました。この世のものすべて常なるものはない――「諸行無常」を受け入れている大師匠の瞳は、悟りそのものだとも感じたものです。

「病」といえば、2年前に長男を出産した際の陣痛と帝王切開でしょうか。どちらもとんでもなく痛く出産後も体が痛くて仕方がありませんでした。しかし、出産は運が悪ければ、母子ともに命を落としてしまうことだってあります。痛いのは正直イヤですが、「このぐらいですんだ」と思うようにしました。

「大難」＝死の恐怖が、「小難」＝痛みだけですんだということです。

そうそう、「大難を小難に小難を無難に」について言えば、知り合いのお寺さんでこんな話がありました。

あるとき、こんなクレームがついたそうです。

「さっきお宅で交通安全祈願してもろたもんやけど、帰り道に物損事故したんやけどどうなってんねん！」

このとんでもないクレームに、そのお寺のご住職はこう答えました。

「大事故にならなくて本当によかったですね。大難を小難ですますことができて良かった、とお考えください」

「こんな大事になってしまった！」と考えるか「これぐらいの小事ですんでよかった」と考えるか、怒るか感謝するかは、その人の心次第というわけです。

そして「死」は、昔から怖いですね。

でも、私は仏教の信仰を持って、その恐怖が少し変わりました。それは、以前は漠然と「死」というものが怖く、死を避け、死を意識しないようにしていましたが、仏教を知った今は死ぬ瞬間は怖いけど、死んだあとは極楽へ行けるという確信を得たので、心からの安らぎを感じたことを覚えています。

極楽の存在は、死後の安心はもちろん、生きる元気をくれます。なぜなら、家に帰れば大好きな家族とご飯とお風呂と布団があるからイヤな仕事も頑張れるように、死後、仏様のいらっしゃる極楽へ往生できるという確信があるからこそ、苦しみの多い今生も頑張れるのです。

苦しみを知り、受け入れることは生きる活力へとつながるのです。

「一休さん」をご存じでしょうか？　もともとは禅宗の高僧です。そして、誰もが知っている一休さんは、国民的人気アニメの主人公。とんちの利いた小僧さんのことだと思います。

そんな一休さんの口癖は、「気にしない、気にしない」。これは単に一休さんの口癖というだけでなく、仏教の教えそのものなのです。というのも、仏教は「気にするから気になる、気にしなければ気にならない」という考え方で、自分の心の持ち方次第で、世界の景色が変わって見えるのです。

しかし、なんでも「気にしない」だけで済む世の中ではありません。例えば先ほどの生老病死のように抗いようのないものに関しては、「気にしても仕方のないことは気にしない」という心持ちでいることが大切ですが、反対に「現実にしっかりと目を向け、それに対処すること」も仏教の一大テーマです。

「どうせ人間はいつか死んでしまうのだから」と暴飲暴食を重ねれば病気になってしまうのと同じように、「人の気持ちなんてどうせ変わらないし、どうにもならないから」と嘆くのではなく、相手の気持ちを理解する努力をしなければ、はじめからうまくいくことなんて絶対にないでしょう。

もともと人は違った存在

自分にも譲れないものがあるのなら、相手にも譲れないものがあるはずです。

つまり、もともと人はそれぞれが違った存在であり、社会はその違いを認め合うところで成り立っています。その違いを認め合うことができなければ、恋愛はおろか、結婚などできるはずもありません。

恋人だろうが誰だろうが、他人を変えることなどそう簡単にはできません。それなら自分自身を変えてみたらどうかと思うのです。昔からこんな言葉があります。

「人には添うてみよ」

本来「人には付き合ってみなければその人の性格はわからない」という意味です。ときには相手のいうことに耳を傾け、その通りにしてみることで開ける視野もあるということです。たまには、自分を変える努力をしてみるのもいいかもしれません。

「社交的な人」といわれる人がいます。顔が広く人付き合いのうまい人ですが、顔が広いということはそれだけ多くの人と関わり、多くのご縁をいただいている人ということです。多くの人とのご縁をいただいてきたからこそ、人の意見に耳を傾け、その意見を吸収し、自分の変えるべきところを少しずつ変えることができたのかもしれません。

また、もしかしたら人の意見に耳を傾けてきたからこそご縁が広がっていった、といえるのかもしれません。


恋愛において、すべてがうまくいくことなどありえません。世の中にはどれだけ話し合っても、どうしても分かち合えない人がいるのも事実です。

毎日喧嘩ばかりして、それでもどうにかしたいとお互いに譲歩し合い、心をさらけ出し合っても、うまくいかない二人もいます。

「縁」には「悪縁」という縁もあるのです。どうしてもうまくいかない相手とは、キッパリと潔く別れることをおすすめします。

忍辱⑥　愛するゆえの苦しみにどう耐えるか

「女性だから」「男性だから」をやめてみる

そもそも人はなぜ「悩み」や「苦しみ」を抱えてしまうのでしょうか。

それは、誰にも「思い」があり、それが「思いどおりにいかない」から悩み、苦しむのです。

それなら、その思いを捨てて現実を受け入れれば楽になるはず。ところが、これができないから人はなおいっそう悩んだり苦しんだりするのです。

恋愛や仕事、家族、病気……あらゆる悩み、苦しみはすべて自分の思うようにいかないことからはじまります。

「来年の四月に彼と結婚する予定でいたんです。でも、昨日突然、会社の上司から、来年早々、香港の支社に転勤してくれといわれて……。どうしても私じゃなきゃダメだと。勤務期間は三年。

仕事を認められたのは嬉しいけど悩んでいます。

今の仕事は続けたいし、結婚もしたい。でも、結婚を三年先に延ばしたら子どもだって産めない年齢になってしまう。それに、そのときまで彼の気持ちをつなぎとめておくことができるかどうかも自信ありません」

大手アパレル会社に勤める38歳女性の深刻なお悩み相談です。

女性にとって仕事と結婚の両立は、現在のこの国の風潮や社会システムのなかではとても難しい状態です。

もちろん仕事も結婚生活も上手に両立させている女性もいますが、やはり、それができるのはお互いの助け合いだけでなく、家族の支えなど周囲の助けがあってはじめてできることです。

私たち夫婦も、仕事で尼崎の家を留守にしなければならないときなどは、姉か母に子どもの面倒を見てもらわなければなりません。そうできる私たちはまだ恵まれているほうで、そうできないご夫婦のほうが多いはずです。

そんな場合、やがて女性のほうが「仕事を辞める」という選択を迫られがちです。これは社会全体が「育児は女性が主体」「女性は子供のことを最優先して当たり前」という風潮であることに加え、「女性は子供のためなら夢も仕事も投げ捨てることができる」という勝手な妄想を抱いている人が圧倒的に多いためではないかと、私は思っています。また、そんなひと昔前の幻想を刷り込んでくる人たちが男女を問わずいることも事実です。

だからこそ夫婦は、お互いによく話しあって、それぞれの役割分担を決めたり、譲り合い、妥協できる点は何か、を決める必要があります。そのとき肝心なのは「男性」だから「女性」だからで決めるのではなく、それぞれの特性や性格、仕事のスタイルや夢に応じて考えていかなくてはいけない、ということです。

お悩み相談のメールをくれた女性のように、まだ結婚をしていなくても事情は同じです。

どうしても「ひとつ」を選ばなければならないとき

二つの大切なものがあって、そのうちひとつを選ばなければならないとしたら……。それ自体を贅沢という人もいるかもしれませんが、その二つがどちらも捨てがたいものだとしたら、究極の二者択一はとても残酷なものといえるでしょう。

今から二千五百年前のインドで、お釈迦様も同じ思いを抱いていたようです。

「この世は多くの苦しみに満ちている。なんとか苦しんでいる人達を救えないだろうか」

そう考えたお釈迦様は旅に出ようと決心します。ところが、このときお釈迦様には妻がおり、その妻のお腹には赤ちゃんがいました。

「私とお腹の赤ちゃんを捨ててまで城を出るというのですか」

美しい妻は、泣いてお釈迦様を引き止めます。

さて、お釈迦様はどのように美しい妻を説得したのでしょう。

お釈迦様にとって、苦渋の選択だったはずです。私も以前「お釈迦様はどうやって妻を説得したのだろう」と考えたことが幾度かありました。しかし、真実は分かりません。お釈迦様は妻子ある身どころか一国の王子ですから、当然、国民からも家臣からも家族からも「ＯＫ」が出るはずがありません。お釈迦様は半ば家出したのではないかと私は考えています。まさに「出家のために家出とはこれいかに」です。

つまらない冗談はさておき、家出したお釈迦様は、のちに我が息子に「ラーフラ」と名付けています。「ラーフラ」という名前には「障碍」という意味があります。

仏教界において今日まで物議をかもしてきたこの命名。お釈迦様はわが子にどうしてこんな名前をつけたのでしょうか。

妻を捨て、王子という立場を捨ててまで出家しようとしていたお釈迦様に、もうすぐ子どもが生まれる。父親になるという責任だってある。だから、ラーフラは「障碍」＝「邪魔者」。これじゃあまりにひどすぎます。

しかし、私はお釈迦様が我が息子に「障碍」と名付けたのは、決してラーフラさんの存在そのものを言ったわけではないと思っています。それよりも、自分が出家することによって、父親としてその責任と義務を全うできないかもしれない。そんな自分自身にたいする自責の念からではなかったのかなと感じるからです。

愛しているからこそ親としての責任を全うしたい、でも、自分の目標を達成するためには父親でいることはできない……いつだって大切なものを守ったり、自分の心の声に忠実であろうとするとき、人は悩み苦しむのです。

「円満」な解決を望むなら、まず精一杯の努力

お釈迦様の出家はもちろん、世の中には周囲の猛反対を押し切って自分の意思を貫く人もいます。

私の知り合いのなかにも、どちらも結婚している男女がW不倫をして、挙げ句の果てに駆け落

ちしてしまったという人もいます。また、将来は女性重役の誕生かといわれていたほどの才能を持ちながら、愛する人ができたからとあっさり仕事を辞めて結婚していった女性もいます。

もちろん、どちらの場合も周囲は猛反対。非難轟々《ひなんごうごう》であったことはいうまでもありません。でも、あんなに周囲の反対にあいながら出家したお釈迦様も、今ではそのご出家があったからこそ多くの人が救われているのですから、誰も文句のつけようがありません。

「円満」という言葉があります。物事の様子や人柄などの調和がうまくとれていることをいいますが、世界中見渡してもいたるところで戦争があったり、人種差別、貧富の差、人権侵害など大きなことから、小さなところでは日々の夫婦喧嘩や政治家のセコイ無駄遣いまで、とてもとても円満などありそうもありません。

これだけの人間がひしめいているのですから、それぞれの考え方、夢、生き方に違いがあって当然です。結果、円満にいかないこともあります。ただ、だからといって自分勝手に周囲に迷惑をかけたり、人を傷つけてもいいといっているわけではありません。

周囲の反対を押し切って自分の意思を貫いたのなら、その愛を、夢を成就させて下さい。それを途中で諦めてしまったら、反対していた人たちにどう説明するのでしょうか。駆け落ちしても、その後、二人が幸せになったとしたら、やがて反対していた人も納得するはずです。何年かかろうとその努力をする。それが「責任を果たす」ということであり、「円満」な解決の、たったひとつの道だと思うのです。

「結果よければすべてよし」

簡単な言葉ですが、よい結果を得るためには血の滲むような努力がいることは当然です。何事も中途半端はいけません。

私にもある「二者択一」の辛い過去

さて、私自身も二者択一の経験があります。

それは、私が花も恥じらう18歳の頃。大阪の街を歩いていたとき芸能関係者にスカウトされ、ホリプロに入るか、そのままハリウッドへ進出するかととても悩んだ時期が……なんて話はウソですが……。

ともかく、私が今まで人生の中で一番悩んだのは「出産」でした。実は、こういうことをいうと多くの軽蔑の眼差しを感じるのですが、私は正直に申しますと、昔から「子供は欲しくない」と頑なに思っていました。

「女の人なら、子供が欲しいと思うのは当然でしょ」

「女の人って子供のためなら自分の人生だって投げ捨てられるからすごいよね」

こんな時代錯誤としかいいようのない思い込みをする人にはとても辟易《へきえき》していましたし、その思い込みを理由に、女性に出産と子育てを強要してくる人には本当に腹が立つのです。

でも、世の中には「子供は欲しくない」という女性がいるのも確かですし、「子供よりも仕事を最優先したい」という女性も数多く存在します。「それは女性としておかしい」という意見はここでは却下です。性別以前に、まずは個人の意志が尊重されるべきだと考えるからです。

周囲に言われて産みたくないのにいやいや産んだ子供を、どうして愛することができましょうか？　心の準備ができていないと、子育てはできませんし、大切な命は預かれません。

新しく生まれてくる命は、なにものにもかえがたい宝物です。でも、とにかく私がしたいのは次のことです。

「自殺を図る人がいる。虐待で苦しむ人がいる。家庭内暴力におびえる人がいる――いますでにある命のやり場がなく、苦しんでいる命をどうにかしたい」

私の夢は、女性はもちろん男性も、さまざまな苦しみを抱え込んでいる人のための「駆け込み寺」をつくることなのです。落語家ではありますが、そのための人権活動や、講演活動を行ってもいます。

そのような生き方をしてきたものですから、自分に子供ができた場合のことを考えたとき、いろいろ時間的な制約がかかることを想像し精神的な負担を感じていました。

だから、大治朗と結婚することになったとき、困ったのです。結婚前から私の考え方は話していましたし、大治朗が子供を欲しがっていたことも十分にわかっていました。「無理強いはしないよ。でも、もし団姫さんの気持ちが変わったら、お願い」

そういわれていました。それから三年間は気持ちが動くことはありませんでしたが、根負けですね。大治朗の献身的（?）な愛に、「一人なら」と心が動いたのです。そして、ありがたいことにすぐに妊娠、出産することができたのでした。

でも、妊娠中もいろいろな葛藤がありました。切迫流産で入院し、寄席の出番を休んだこともありましたし、実は映画出演のオファーがあったのですが、妊娠中ということで、マネージャーさんと相談し断念したということもありました。

芸界はタイミングがすべて。「妊娠中だから仕方ないか！」という割り切った気持ちにはなれず、正直とても悔しい思いをしたものです。

それでも、出産は無事に安産となりましたし、産後にはそれまで以上のお仕事のご縁をいただくことができているので、今ではその二者択一であった妊娠期間中の不自由な悔しさは私の気持ちのなかで、無事、円満解決となりました。

子供を産んではじめてわかることもあります。子供がいなかったら気づかなかったこともあります。母親になって子供から学ばされている状態です。だから「お坊さんとしてお悩み相談の幅が広がったかもしれない」と、前向きに考えることができています。

そして、産んだ今は何より息子が愛おしくて仕方がありません。

二者択一は常に苦渋の選択ですが、その苦しみの解放は、その後のあなたの行動や生き方で決まるもの。あのとき捨てたはずの「時間」は、決して無駄ではありません。

悔しい思いが夢を育てます。

「忍辱」とは、幸せな未来のための時間でもあるのです。

第4章　幸せになれる教え「六波羅蜜」その④…精進《しょうじん》

「なりたい自分」への努力が幸せな愛を呼ぶ

精進①　やっぱり悪より、善を行う

良き自分の姿を求める！　それが「精進」

「精進」と聞くと、皆さんどんなイメージがありますか？

「精進料理」というキーワードや「ストイックに努力する姿」を思い浮かべる人も多いかもしれません。

ではここで、中村元先生の『新・佛教辞典』を見てみましょう。

「善を行い、悪を断つ努力を継続的に行うことをいう。また、仏門に入って宗教的な生活に入ることをいう。のちには魚鳥獣の肉を食わないことをもいうようになった」

とあります。

「仏門に入って…」のほうは、私たちお坊さん向けのメッセージですが、「善を行い、悪を断つ努力」を「継続的に行う」というのは、すべての人間に共通する目標項目かもしれません。

そもそも仏教では「悪いことはやめましょう、良いことをしましょう」というのが基本原則です。これは幼稚園児でもわかるようなことですが、実践するのが至難の業。これを人類全員ができるのであれば、殺人事件や政治汚職、いじめなどはなくなっているはずです。

しかし、そこで「どうせ人間にはそんなことは無理だ」と嘆き諦めるのではなく、「それならば、せめて自分自身ができることからまずはやってみよう」というヤル気を起こしてみてください。この世の中、60億といわれる数の人間がいますが、私たちは「世の中をどうしようもない60億人のうちの一人」ではなく「世の中を動かすかもしれない1人が60億人」いる地球に生きているのです。

「善」とは何でしょうか?

では、「善」とは具体的にはどういったことでしょうか?

仏教では「善」について主に4つの項目が説かれています。

①　自性善…善そのもの、自ら罪を造らぬこと、他を教えて罪を造らしめないこと。
②　相応善…善心と相応して起こるすべての心作用も善とすること。
③　等起善…善の心作用に基づいて起こる身体的動作と言語表現もまた善とすること。
④　勝義善…善は安穏なものであり、可愛の果を招くもの。この善は永久に苦を救うもの。

少し難しい表現ですが、これは「善の相乗効果」を表しているものと思います。

たとえば、この項目を子育てに置き換えて考えて見ましょう。

なにせ子供は純粋ですから、親の行いやその心を映し出す鏡と考えることもできます。

私の家には2歳になる息子がいます。生まれてきてくれてからというもの、親として毎日子供に愛情を注いできました。夫からは「自分（夫）に対しては〝鬼嫁〟なのに、息子にはエライ優しいね」と言われますが……。鬼の目にも涙でしょうか？　これは自然とわいてくる「愛」ですから「善」そのものかもしれません。

しかし、子育てをしていると楽しいことばかりではないんですね。仕事の都合で睡眠時間が3時間しかないということもあります。そんなとき、夜中に「ギャン泣き」された日には思わず「勘弁してよ！」と子供に叫びたくなります。でも、ここで実際に子供に罵声を浴びせたり、手をあげていては「自ら罪を造ること」になってしまいます。罪を犯しそうになってもそれをきちんと自制することも善を行うというひとつの行為です。

「善を行う」、というとハードルが高い行いのようにも思えますが、「悪いことをしない」というのが「善への第一歩になっている」というふうに考えたほうが、気持ちが楽になりますし、ポジティブにいろいろなことに取り組めます。

息子は最近、感情・表情も非常に豊かになってきました。私と夫が笑っていると息子も反応して一緒に笑います。反対に、私がつらい顔をしていると息子も悲しそうな顔をします。笑顔は笑顔の相乗効果を生みますが、その反対もあるというのがわかります。

親の「笑顔」が子供の心に「笑顔」を生み、「善」の心が「善」の心を生むのです。

さて、そんな息子には生まれたときから、夜寝るときに頭をナデナデしたり、ごはんをいただくときには「あーん」をしてきました。すると近頃、面白い「お返し」をしてくれます。そう、私が仕事の合間に昼寝をしていると、息子が私の丸坊主頭をナデナデしにきてくれるのです。そしてごはんを食べるときには夫や私に一生懸命「あーん」をしようとしてくるのです。いってみれば、子供から親への「善の恩返し」という現象が起こっているのです。これはどこの家庭でも多く見られる現象のようで、大変心が洗われます。

息子が生まれてきてくれたことによって、己の心にも善の心が生じて、息子にも善の心が伝わり、その善をもととした行いが家族全員を笑顔にしているということでしょう。

善は永久の苦を救うとありますが、これこそが、仕事でどれだけつらいことがあってもなんとか頑張れる、という、ヤル気と心の安定をもたらしてくれているものに違いありません。

本当の「善」と偽りの「善」

では、善を行い、善の相乗効果を推奨する仏教では、何を「善」とするのか考えてみましょう。

先ほどのたとえで挙げた「子育て」でも、「善か悪か」、曖昧なものも存在します。それは、エゴというものです。

子育てをするうえで、私がなにより考えているのはやはり「息子のため」ということです。

息子がケガをしないように、息子がつらい思いをしないように、息子が損をしないようにと、すべての行動や教育の起因は「息子のため」です。

しかし、この「息子のため」という一見「善」の心も気をつけておかないとすべて「息子のため」という皮を着た「親のエゴ」になってしまいます。

私の友達で、母親からしつこく「結婚しろ」と言われている女性がいました。しかもその「結婚」は条件つきで、「年収は600万円以上で、大学は出ていて、次男さんで……」と盛りだくさん。なぜかと聞けば「私は長男であるあなたのお父さん（夫）と結婚して姑の世話をさせられて大変だった。だから長男と結婚するのはやめておいたほうがいい。それにやっぱり結婚はお金がすべて。お金があれば解決することはたくさんある、もう貧乏はたくさん。それに、学歴のない男はだめ」と言いたい放題です。

しかしそれはあくまでも母親の「経験談」「失敗談」で、強要された娘はたまったものではありません。それに、それで幸せになれる保証など、どこにあるのでしょうか？　「娘のため」という言葉を借りただけの自分本位の考え方で、娘は娘でちゃんと自分なりの幸せを手に入れる権利がありますし、「幸せ」は人にはかれるものではないのです。

「偽善」はどこから生まれるか

では、仏教での善と悪の境目はズバリ、どこにあるのでしょうか。

それは、「煩悩の比率が高いか低いか」です。「煩悩」とは、身心を悩まし、苦しめ、煩わせる心の動きです。

近年、「自分探しの旅」や「自分磨きの時間」、また「自己研鑽」などという言葉が街中に溢れかえり、お寺での写経や坐禅といったプチ修行も大流行しています。

そういった行いは「善」なのか「悪」なのか。一般的には「善」でしょう。

しかし、同じ行いでもその志の持ち方によって、これは「善」にも「悪」にもなります。なぜなら、仏様とのご縁を求めて、また自分の何かを変えたくて必死にそれに取り組む人もいますが、中には「自分は写経や坐禅をしている特別な人間なのだ」という思い上がりをもった人もいるからです。これではその人にとって「善」どころか「善の行い」を利用した「悪」になってしまいます。まさにそれは「偽善」です。煩悩だらけの修行であり、それは「精進」ではありません。

では、恋愛のうえで心掛けるべき「精進」の意味を考えてみましょう。

それはどうやら「相手好みの女性になり、相手の煩悩を刺激して自分のことを好きになってもらう」ための煩悩だらけの「自分磨き」のことではなさそうです。

次は、恋愛というシーンにおいて仏教的な「精進」の心をどう役立て、またそれによってどんな効果が生まれ、なにを得られるのかということを考えていきましょう。

精進②　「思うままにならない」を受け入れる

発達障害の夫と結婚してわかったこと

告白します。実は私の夫・豊来家大治朗は近年テレビなどでよく取り上げられている「発達障害」という障がいの持ち主です。子供に多い障がいだと思われがちですが、大治朗は「大人の発達障害」。大人になってから病院で診断を受け、現在は投薬治療をしています。

「発達障害」といっても様々な症状をひとくくりにした言葉であり、また人によってその程度が違うため一概には言えませんが、大治朗は発達障害の中でも「ＡＤＨＤ」という障がいを持っています。これは「注意欠如・多動性障害」というもので、集中力がなかったり、人の話を聞けなかったり、それを理解できなかったり…また、自分の思いをうまく言葉にできない、言葉をオブラートに包めない、よって人付き合いがうまく出来ないなど様々な症状があります。

原因は、今のところ脳内の分泌物質のはたらきの停滞などが考えられていて、投薬治療にはこの分泌物を促す作用があり、大治朗も投薬治療のおかげでだいぶスムーズに人間関係を築けるようになりました。

話せば話すほどややこしく感じるかもしれませんが、とにかく「発達障害」の人の特徴は「一般常識」という、あるようでないモノサシで見るのであれば、「社会性がない」という表現が近いかも知れません。ただ、その社会性の欠如は性格ではなく脳の障がいによるものです。身近にいる家族や専門の医師でないとその見分けが難しいもので、つまり「性格」なのか「障がい」なのかの判断が非常に難しいのです。そのため、発達障害を抱える人は対人関係で誤解を受けることが多く、会社だと「クビ」、夫婦関係では「離婚」を経験する人がとても多いといわれています。

離婚を考えたことも一度じゃない

では、ここで夫の発達障害の症状がよくわかるエピソードをご紹介してみましょう。

昨年夏のこと。広島県の、とあるお寺さんから夫婦セットでお仕事をいただきました。連絡係は大治朗。ご住職と何度も電話やメールでやりとりをしていました。

いよいよ当日。待ち合わせ場所へ行くと現れたのは真面目そうな40代の禅宗のお坊さん。「団姫さん、大治朗さん、お世話になります！」と近づいてこられました。

まずは私が「ご住職、お世話になります」と挨拶。するとご住職が「こちらこそ、よろしくお願いいたします。大治朗さんも、いろいろとご連絡ありがとうございました！」

すると大治朗がひと言。

「ええ？　あ、あなたがご住職なんですか⁉」

「（え？『あなたがご住職なんですか？』って、今の私とご住職のやりとりでわからんかったん⁉　この人がご住職に決まってるやん！　失礼すぎるやん！）」

私は内心でそんなツッコミを入れていました。

そこで急いでこんなフォローをしました。

「何いうてんのー！　いや、ご住職すいません！　ほら、大治朗さん、この方がご住職やで？電話でやりとりしたやろ？」

するとと大治朗はこう返してきました。

「すいませんでした。僕、電話で話していて、もっと年寄りのお坊さんかと思っていました」

「（えええ⁉！……。『年寄りのお坊さんかと思ってた』って……どれだけハッキリ言うねん⁉）」。

その後、ご住職には懇親会で障がいのことを説明し、何度も何度も頭を下げました。

また、あるときは夫婦で新潟へ行きました。主催者さんとホテルのロビーでお会いし、「では早速会場へ」とエレベーターへ乗り込みました。すると、エレベーターという密室で、しかも近距離で主催者さんと面と向かって喋っている状況にも関わらず、大治朗はいきなり自分のカバンをゴソゴソしはじめました。

「(え？　初対面の人とこれだけ近距離で喋っているのに、なにをいきなりゴソゴソしてんの？失礼すぎるやん！)」

私は気が気ではありません。すると、次の瞬間大治朗は「のどぬ～るスプレー」を取り出し、主催者さんと喋りながら大口を開け、スプレーを自分の喉に向かって噴射したのでした。もう、唖然です。

しかし、このときは主催者さんがとっても朗らかな人で救われました。

「わっはっは！　大治朗さん！　のどぬ～るスプレー！　なんで今なんですか⁉　今じゃないでしょ⁉」

大笑いしてこうひと言。

「よし、大治朗さん、気にいった！」

おおらかな心で許してくださいました。

しかし、毎度毎度こういうわけにはいきません。

主催者さんやお客様には優しい人から怒りっぽい人まで実にさまざまな人がいらっしゃいます。日常茶飯事のように笑える事件から、とても笑えないような事件を起こす大治朗。そんな夫と共に私は仕事をしているのです。読者の皆さん、私が何度大治朗の不始末のために頭を下げ、土下座をしてきたことかご想像いただけますでしょうか（涙）

正直なところ、結婚当初からこうでしたから、離婚を考えたことが何度もありました。もちろん、障がいを責めるつもりはありません。なぜなら、一番苦労しているのは発達障害と生きている「生きにくい」大治朗本人なので、それを理由にというのはあってはならない話なのです。

それでも夫婦として生活し、芸人という同じ仕事をするうえで「荷が重すぎる」ということが何度も何度もあったのです。つまり、心が根をあげてしまったんですね。

「なんであなたはこんなこともわからないの！」

怒りちらしたこともありましたし、「お願いだからわかって！」と泣いて懇願したこともありました。それでも大治朗は変わりませんでしたし、変えられませんでした。

「通じない」相手はどうすればいいか

先日、新幹線のグリーン車に乗りました。

すると外国人の親子が乗ってきて大声で喋り、子供ははしゃぎはじめました。まわりのサラリーマンはあきらかな迷惑顔。そして私もこの日、この新幹線の中でどうしても仕上げなければいけない原稿があったので、集中できる空間ということでわざわざグリーンに乗ったのに、これはたまったものではありませんでした。

2回、車掌さんに注意してもらいました。でも、相手は日本語がわからないようです。そして文化も違うんでしょうね。「なぜ電車の中で親子の楽しい時間を過ごしてはいけないのか？」という顔をしています。

ラチがあかないため、私は3回目に車掌さんが回ってきたときに意を決して言いました。「すいません。どうしても仕事せなアカンので、席替えてもらえますか？」

車掌さんが申し訳なさそうに言います。

「本当にすいません。はい、だいぶ離れたところが空いていますので、すぐそちらへ移っていただけるようにいたします」

車掌さんはおもむろに私の荷物を持ちあげました。

すると近くに座っていたサラリーマンが激高しました。

「おい車掌！　なんでその人が席替わらなあかんねん！　この外国人親子をどっかにやれや！」

サラリーマンの言うことはごもっともです。

私もできればそうして欲しいところでしたが、車掌さんではそれをその外国人親子に移動を強制することはできません。

そして、私には締め切りがあります。新大阪から東京間は2時間半しかありません。リミットのあるこの時間を自分がいかに良い時間にするかと考えたとき、私は自分が席を移動したほうが早いし、そうしないと「原稿をあげる」という目的が達成できないことはわかり切っていました。

私は移動し、サラリーマンは「俺は席うつらへんからな！」と車掌と外国人親子にどなりました。東京駅で降りるまで、外国人親子は大声で話し続けました。私は離れた席でギリギリセーフで原稿をあげました。サラリーマンは東京駅まで怒り続け、その顔には精神疲労が見えました。

「通じない」ことを怒る前に

ちょっと寄り道しましたが、このエピソードから学ぶべきことがあります。それは、ある出来事に対して自分が感じているように、どんなに身近な存在でも、自分とまったく同じように感じているわけではないということです。恋愛についても同様です。

私たちは恋人や夫なら「言葉が通じる」「心が通じる」と安易に思い込み、同様のリアクションを期待しているからこそ、それがうまくいかないと、相手を動かそう、相手を変えよう、と必死になります。しかし、もともと人それぞれの感じ方、考え方があり、また生き方があるわけですから、それを動かすことは簡単なことではありません。相手が日本人だからと「通じる」つもりになっているだけで、それは、私たちの幻想でしかないのです。新幹線の中で大騒ぎする外国人に言葉ばかりか、心が通じないのは考えてみれば、当たり前のことかもしれません。

どうしても相手が動かない場合、無理して自分もそこへ居座るとずーっとそれにイライラするばかりです。変えられない相手とは距離を置くことが一番。なんじゃかんじゃと言っても、自分の人生、自分の時間です。

この新幹線事件では「日本語が通じない外国人」だということで、私は諦めがつきました。しかし、私も自慢ではないですが、本来は筋金入りの、自分でもイヤになるほど頑固な性格です。昔はこういうことがあると自分が席を替わるというタイプではなく、件のサラリーマンのように相手を変えることに必死にしがみつき、イライラし、心の無駄遣いをしているタイプでした。しかし、そんな頑固な私の性格を優しくはどいてくれたものこそ仏教の教えと発達障害を持つ夫でした。

相手を責める前に、自分を変えてみる

仏教では物事には必ず「因」と「縁」がある、と説かれています。これは簡単にいえば「何かの原因によって、何かが変わる」ということですから、人間関係に置き換えれば「自分が〝因〟(原因)になれば、相手が〝縁〟(結果)になる」ということ。つまり、**「自分が変われば相手が変わる」ということになってきます。これは逆説的にみれば、残念ながら「相手を変えることは難しい」ということにもなりますね。**

私も一応お坊さんですから、こういう教えがあることを今まで理屈ではわかっていましたが、

正直なところ、それを完全に飲み込むことはできませんでしたし、実践する気などありませんでした。

しかし、そんな頑固な私に「発達障害を持つ夫」を送ってくださった仏様はやはりすごい方です。

「変えられないものは変えられない、だからあなたがこの人と生きて行く覚悟があるならば、あなたが変わるしかない」

そんなメッセージをくださったのだと思います。

「夫が変わってくれません」「彼氏が変わってくれません」というお悩みが私のもとに寄せられますが、こういうときこそ、相手を変えることよりもまず、自分を変えることを考えてみるべきです。

そうすることで、相手が変わる可能性も生まれてきます。仏教の「因縁」とはそういう教えです。

しかし、ときには、自分が変わっても全く関係に改善が見られないこともあるでしょう。そんなときは、「これは悪縁だった」とキッパリと決別することも一つの選択肢だと思うのです。

愛する相手の「ありのまま」をまず受け入れる

結婚当初、私は夫の社会性の欠如を「世間にバレてはいけない」と考え、必死に隠そうとしていました。

でも、仏教の教えを改めて考えたとき、家族ってそういうものじゃない、発達障害を持つ「生きにくい」夫のパートナーである私は、夫が少しでも「生きやすい」環境作りをするように自分が変わらなければ、と気が付きました。現実逃避をやめたのです。それからは、「夫が今日はこんなボケをかましてきました」といった先述のようなエピソードや、「へー、団姫ちゃんの旦那さんて、こんな変わりもんなんや！　でも、どこか憎まれへんな」と読者の皆さんに思っていただけるような出来事も、ことあるごとに自身のブログに載せてきました。発達障害を自然に受け入れてもらえるようにと願ってのことです。

昨年末、夫が、とある講演会で「私は発達障害です」と告白し、同日ブログでもそれをカミングアウトしたところ、多くの応援のメッセージが届きました。「団ちゃんのブログを読んでて、そうちゃうかと思ってた（笑）大丈夫や！」とか「発達障害ってよくわからないけど、もう、そういうとぼけたところも含めて私の中では大治朗さんなので、そのままでOKです（笑）」といった有難い、あたたかい声をいただきました。夫の「生きづらさ」はもちろん、同時に発達障害を隠すのではなく、ありのままの夫を愛してもらえる土台作りをしてきた私の5年間も報われました。

結婚当初、大治朗自身も己の発達障害から目を背け、改善する気はゼロでした。でも、私が変わったら、大治朗も自分の障がいにちゃんと向き合うように変わってくれました。

発達障害を持つ夫と暮らすことは、今でもとても大変だと感じることが多々ありますが、良いことだってあるのが世の中。発達障害は「ものごとをありのままにとらえる」という特徴もあるので、夫には人に対する「偏見」がビックリするほどありませんし、理不尽な差別や根拠のないデマ、噂話や人を傷つけるような話に同調しません。

私には世の中から差別をなくすという目標がありますが、「偏見・差別」にとらわれのない夫こそ、私が将来駆け込み寺を建て、宗教活動をしていくうえでの最高のパートナーであるとも思っています。

仏教では、今、自分の置かれている場所こそが修行の場であるといわれています。

私にとっては発達障害の夫と暮らし、共にその障がいを乗り越え、分かち合い、夫の社会での居場所を作っていくことが自身の最大の修行ではないかと感じています。

私にとっての「精進」とは「発達障害の夫と生きる」ことです。

これほど泣いたり笑ったりする修行は私の人生で他にありません。

だからこそ、私は性根をすえて「豊米家大治朗」という一人の芸人、夫、父親を支えていくことを、自身の仏様に、そして夫の「保護者」である、イエス・キリストの神に誓っているのです。

精進③　「苦行」の恋愛はやめましょう

修行は好きだけど……

「団姫さんて～、修行大好きだよね～（笑）」

こんなことをよくいわれます。

なんせ、落語家の修行とお坊さんの修行をどちらもさせていただいたものですから、世間様から見れば相当な変わり者でしょう。

しかし私は決して「修行マニア」ではありませんし、できれば休みの日は家でゴロゴロしながらポテチをかじりたいタイプの人間です。

お坊さんといえば「修行」。

なかでも「千日回峰行《せんにちかいほうぎょう》」という行が日本では有名です。千日回峰行とは、比叡山で最も厳しいといわれる修行のひとつで、7年間かけて行われます。

比叡山でのこの過酷な行に、過去多くの行者さんが挑んできました。なかには命を落とす人もいるほどの超人的な修行であり、これを満行したお坊さんは「生身の不動明王」と呼ばれます。

そんな千日回峰行をはじめとする修行について、マスコミではたびたび間違ったとらえ方をされることがあります。それが「修行＝苦行」という誤解です。

肉体を酷使し、命を落とす者まで出る修行を世間では苦行と呼ぶようです。

しかし、ここで大切なことをお話ししますと、千日回峰行は決して「苦行」ではありません。

先日も少し仏教を「かじっている」という方から「お釈迦様は苦行を否定しているのに、千日回峰行は苦行だから修行として間違っていますよね？」といわれました。確かにそう感じる方も多いようです。でも、これは決して間違った修行ではないのです。

ではなぜ「苦行」といわれるのか？

お釈迦様は29歳のときにご出家をされました。

その後、6年間の苦行をされましたが、お釈迦様がその結果得たものとは「苦行は意味がない」

ということでした。その後、お釈迦様は心を安定させて、仏の智慧を知ることこそがみんなが幸せになれる道だと悟られたのです。

では、そのように「苦行は意味がない」という立場をとる仏教において、「千日回峰行」は何を意味するのでしょうか？

実は、比叡山では千日回峰行のことを「常不軽菩薩《じょうふきょうぼさつ》の行」と呼んでいます。

常不軽菩薩とは、お釈迦様の前世のお姿のひとつで、「常にあなたを軽んじません」と、すべての命に仏性があるとして礼拝し続けた菩薩です。千日回峰行は、この常不軽菩薩の精神を受け継いで山川草木《さんせんそうもく》にことごとく仏性を見出し礼拝する行だといわれています。

また、熱心な仏教徒としても有名な宮沢賢治の「雨ニモマケズ」も、この常不軽菩薩がモデルだといわれています。

千日回峰行は山川草木すべての命に仏性を見出し「ありがとう」と、礼拝をする行。

では、なぜ「苦行」といわれるのでしょうか？

それはまさに私たちが自分の物差しでしか物事を見ていない証拠といえます。

仏教では、物事に対する視点を変えること、また自分の物差しで物事を見るのをやめることをすすめています。

私たち人間目線からいえば、千日回峰行は「肉体を酷使し、命をかけてやる苦行」となるでしょう。しかし、修行とは、私たち目線のものではありません。仏様目線です。仏様からすれば千日回峰行は「礼拝行」。だから、それを勝手に「苦行」と呼んでしまうのはとてもおこがましいことなのです。

あなたの恋愛は「苦行」か「修行」か

では、恋愛の話に戻しましょう。

先日、友人と話す機会がありました。まわりからは完璧主義者と思われ、仕事も出来て公私共に周囲からの信頼も厚い彼女ですが、同棲している恋人には常に問題点がつきまとっています。なかなか結婚に踏み切らないわ、働かないわ、ギャンブルをするわ、おまけに酒に酔うと彼女に暴力を振るうというので救いようがありません。でも、イケメンなんです。

彼女も彼の問題点は重々承知。結局は惚れた弱みなのか、彼女はイケメンの彼と別れるということをしません。毎度、友人たちで「もうあんな男と別れたほうがいいんじゃない？」と言っても、「今の堕落した彼が変わるまで傍にいてあげるのが私の修行なの」と彼女はいいます。

彼女の自信に溢れる眼差しで「修行」といわれるとそれらしく聞こえてしまいますが、実は、それは修行ではなく「苦行」です。なぜなら私の知るかぎり、暴力を振るう男性が改心した例は聞いたことがありません。こういう男性からは「逃げるが勝ち」なのです。

しかし、なぜ仕事もでき、信頼も厚く、いつも物事を冷静に判断できる彼女が己の恋愛にかぎって冷静な判断をできないのでしょうか。

さきほど、ものごとの物差しというお話で、人間目線、仏様目線、という表現をしました。これはもっと簡単な言葉にすれば「物事を客観的に観てみましょう」ということなのです。確かに、日ごろは冷静な観察眼や理解力を持っている人でも、いざ自分の恋愛となると、さまざまな感情が邪魔をして、冷静さを失ってしまうことがあります。

なぜなら、本能的に「イケメン」が好きなのであれば、その本能に逆らうことは至難の業だからです。その本能が苦行を修行という幻想に変え、自分の気づかないところで問題をすり替えてしまっている可能性が高いのです。

では、自分の恋愛は「苦行」なのか「修行」なのか、それをどう見極めたらいいのでしょうか？

それは、自分の恋愛を客観視してみることです。たとえば「もしこれが友達の彼氏だったら自分はどんなアドバイスをするだろう？」と考えてみることです。そうやって客観視したときに、はじめて自分の恋愛が「苦行」か「修行」か、見えてくるはずです。

完璧主義の人は、裏を返せば「失敗をしたくない」という思いが強固な人です。その強固な思いが仕事では役に立ちますが、私生活では自分を「苦」に縛りつけてしまう鎖になってしまうこともあります。人間誰しも間違いはある、そう思うことも物事を冷静に判断するためのひとつの大切な心持ちであり、苦行から抜け出す道なのです。

恋人や夫からの暴力に耐えることは苦行です。つまり苦行は意味がないので、こういう人とはサヨナラするのが幸せになる道です。

そして、夢に向かって貧乏な恋人や夫と苦楽をともにすることは修行だと思います。苦行と修行の違いはその先に光があるか、ないかです。

あなたとパートナーの関係は、苦行ですか？　修行ですか？　今一度、よ〜く考えて見て下さい。

精進④　「ありのままの自分」って何だろう？

「なりたい自分」への努力はどんどんしよう！

「女の人って、恋をするときれいになるよね！」

先日、友人の男性にいわれました。確かに〝トキメキ〟の効果か、恋をすると自然に美しくなる人も多いようです。でも、ここでちょっと違った見方をしますと、「恋をするときれいになる努力をする女性が多い」というのも事実です。つまり、恋をすることで怠惰な生活を改めるとか、あらゆることにポジティブになることで、顔つきや表情に変化が現れるのだろう思います。

旧友のS子は昔からぽっちゃり体型でした。昨年、本当に好きな人に出会って人生で初めてダイエットをはじめ、その後、とんとん拍子で結婚しました。もともと、「ちょっと太りすぎかな」という気持ちが本人にあったことは事実です。

でも、食べる量やお酒の量を減らすとか、なかなか自分を律することができませんでした。「まあ、いいか」という気持ちだったのですが、好きな人が現れたことで、「なりたい自分」を実現するパワーが生まれたのです。

これは、恋が自己変革の原動力になったわけですからとてもいいことです。まわりからも「きれいになったね」といわれ、楽しくダイエットもできました。そして結果として、結婚相手の心をとらえたのですから、めでたし、めでたし、です。

しかし、美しくなろうとする努力のすべてが好結果を生むわけではありません。

S子の場合は「5キロぐらい痩せられたらな〜」という気軽なダイエットだったので良かったのですが……実は、この恋をしてからの「美しくなりたい」という気持ちも、別章の整形のことでも述べたように、追求し過ぎたり、誤った選択をすると「苦」になります。

では、私たちが恋をして「美しくなりたい」と願ったとき、本当に心身ともに「苦」から離れ「美しさ」へ近づくにはどうしたら良いのでしょうか。

「変えられない自分」とどう向き合うか

学生時代、私自身の体のコンプレックスは「脚が太いこと」と「足のサイズが大きいこと」でした。足のサイズは26センチ。これはもう骨格の問題ですからどうしようもありません。心優しい友人などは「でも、フカキョン（深田恭子）も足大きいらしいし、大丈夫だよ」などと声をかけてくれました。

しかし、私にとっては何の慰めにもなりません。友人の思いやりの言葉も素直に受け入れられず、

「フカキョンは足が大きくても、顔が可愛いから、ええやん！」

と、ふてくされた態度で、応じてしまっていました。

足の大きさは逆立ちしても変えようがありません。

「とにかく脚を細くしたい！」

私は、この一心でダイエットを始めることにしました。

まずは、お菓子をあまり食べないようにする、ごはんを減らす！……そう心に決めたものの、

育ち盛り。食べずにはいられません。母からは「ダイエットよりもちゃんとした食事をとることのほうが大切」と叱られたこともありました。

「ならば…」とチャレンジしたのが、当時流行していた「痩せる石鹸」なるもの。「これで脚をゴシゴシ洗えば」とせっせと脚洗いに励みました。たしかに痩せはしました。しかし、痩せたのは石鹸だけでした（涙）

痩せたいのに痩せられない、食べたいのに食べたら太る。もともと楽しくはじまったはずの恋する気持ち。そこから湧いて出た「痩せたい」という気持ちがどんどん苦しみへと変わっていきました。

苦しむ私は般若心経に救われた

さて、そんな「脚が太い」という私の苦しみを救ってくれたのは、この本でも何度も登場している「般若心経」というお経でした。

般若心経はそもそも大般若経という長〜い長〜いお経の心の部分を取り出して上手にまとめたお経なので「般若『心』経」と呼ばれます。日本でもっとも親しまれているお経のひとつで、お唱えすると大きな功徳をいただけるお経です。

その般若心経にはいろいろな教えが説かれていますが、なかに「ものごとをありのまま見ることができると、苦しみから離れることができる」といった教えがあります。これは一体どういうことでしょうか。

数年前「ありの〜ままで〜」という歌が流行りました。映画『アナと雪の女王』の主題歌ですね。そこから「ありのまま」という言葉が流行しましたが、ここで勘違いしてはいけないのは「ありのまま」の意味。

なかには「自分勝手、好き勝手な生き方」を肯定する言葉として使う人もいます。しかし、仏教のいう「ありのまま」とはそういう意味ではありません。

自分の良いところ、悪いところ、どうにかできること、どうにもできないこと、そういうことをすべて自分の都合や思い込みなしで見つめなおすことが大切だということなのです。

そして、自分のありのままの姿を見つめて認め、受け入れること。つまり現実から目を背けずに、今置かれている状況の中で現実的な対処をしていくことが大切だというのです。

脚が太かった私は、あるときこの教えを知って、改めて鏡の前に立ってみました。

今までは脚の太い自分を認めたくないという一心でした。

「見ようによっては細いのでは？」

「友達の○○さんよりは細い」

「この鏡はちょっと太って見えるだけ？」

そんな思いで、「ありのまま」を映すはずの鏡を、自分の都合でしか見ていませんでした。

そんな私が改めて鏡の前で知ったこと。それは「やはり、自分の脚は太い」ということでした。

でも、「ダイエットをできる限りはやったし、そもそもガタイが良く骨太であることには変わりないので、これ以上無理なダイエットをするのは良くない」と思いました。

では、般若心経のすすめる「現実的な対処」とは何でしょうか。

それは、私の場合、「太い脚で人前に出ることが恥ずかしい」ということだったので、「それならば、足が細く見えるようなパンツを買えば良いのではないか？」ということでした。

そこで早速、ユ○クロへ行きました。

狙いどおり、ユ○クロには脚の太い人でもスッキリ見えるパンツが売られていました。今までは、無理してウエスト58のパンツに足をつっこんでいましたが、このときは現実のサイズのウエスト62を買い、試着しました。すると、思ってもみなかったのですが、そこには憧れだったスッキリと見える脚がありました。

家へ帰ってから、そのパンツをしばらく穿いていました。何度も鏡を見ました。そして、不思議な心の変化に気づきました。「脚が細く見える！　嬉しい！」ということよりも「そもそも、脚が太いことで悩むなんてアホらしかったな」という気持ちになっていたのでした。つまり、そのときこそが「苦しみが苦しみでなくなった」瞬間だったのです。

「ありのまま」の本当の意味

仏教の教えは「脚が太い」という「苦しみ」を無くすのではありません。「脚が太い」という「苦しみ」を「苦しみと思わせない智慧」を与えてくれるのです。

だからこそ、仏教ではこのように、自分のこと、またあらゆる物事を色眼鏡無しでよく見つめ、受け入れることが大事だと教えているのです。

「受け入れること」と、一言で言うとそれはとても簡単なように思えます。しかし、それは実はとても大変なことです。

でも、それを受け入れたときこそ、「苦しみを苦しみと思わない」＝「乗り越える」ことができるのです。

「脚が太い」ということを受け入れたからこそ「細く見えるズボンを穿く」という現実的な対処が生まれる。

片思いの悩みもそうです。

「この男性が狂おしいほど好き、だけど彼は私に全く興味がなさそうだ」

まずはつらくてもその現実を受け入れることが大切です。現実を受け入れて心を整理すれば、「すっきり諦めて新しいご縁を探そう」と前向きになり、また他の良いご縁をいただくことができるかもしれません。

「生きる」ということも同じです。「人間はいつか死ぬ」ということを受け入れてこそ「それならば、今をどう生きるか」を真剣に考えることができます。

「私はいつかモデルのような細い脚になれるはず」

「彼はいつか絶対に自分の魅力に気が付いてくれるはず」

「人間は不老不死を手に入れることができるはず」

そんな非現実的な考え方はやめましょう。いつまでやっていても、それは時間の無駄です。

「努力するのをやめる」のではなく「努力の方向性を変えてみる」という智慧と決意が必要です。

仏教は運命を変える教えではなく、運命の歩き方を変える教えです。

「ありのまま」とは、自分の持って生まれたもの、置かれた状況をよく理解し、その中でベストを尽くすことを説く教えです。あなたのその生き方に、仏様はおおいに期待しておられるのですヨ！

第5章　幸せになれる教え「六波羅蜜」その⑤…禅定《ぜんじょう》

「利他」の行いを
自分の喜びとして生きる

禅定①　心を安定させて、恋愛を見つめる

心を「止めて」「観る」

とある講演会でのことです。

講演の最後に設けられた「質問コーナー」で手を挙げ、司会者にあてられ立ち上がった途端に、人目もはばからず泣きながら語り始めた女性がいました。話を聞けば、その女性は最愛のパートナーを亡くし、気持ちの整理がつかず自分でもどうしたらいいのかわからないといいます。

「死ぬとき痛くなかったかなあ」
「私も死んじゃおうかなあ」
「やり残したことはなかったかなあ」

「自分はこれからどうすればいいんだろう」

「なんでか分からないけど辛いなあ」

「最愛の人が好きだった食べ物を見ると涙が出てくる」


口をついて出てくるつらい言葉の数々に、この女性は日々の暮らしをどうしているのだろうと、本当に心配になりました。

そして、ひとしきり話し終えたその女性が、やっと私にこう聞いてきました。

「私はどうしたらいいのでしょう。こんな気持ちから抜け出すことはできますか?」

これまでメールによるお悩み相談にはお答えしてきた私ですが、講演会の場でこれだけ深刻な相談をされたのは初めてでした。すぐにお答えしなければならず、ちょっと考えて「坐禅止観」の話をしました。これまで私自身が仏教のどんな教えで救われてきたかを思い出したからです。


私の属する天台宗では「坐禅」も修行のひとつとされています。

坐禅というと曹洞宗や臨済宗などのイメージがあると思います。世間ではこれらをひとくくりにして「禅宗」と呼んでいますが、じつはその「座禅」の仕方、持つ意味合いはそれぞれに違いがあるのです。

そして天台宗では、この坐禅を「坐禅止観」と呼んでいます。

ここで大切なのは「止観」という言葉です。文字通り「止めて、観る」。
・「止」……心の動揺を止めて物事の真実に迫ること。
・「観」……不動の心が智慧の働きとなって、物事を真理に則して正しく観察すること。
これが「禅定」＝「坐禅止観」の教えです。

大切なことがはっきりと見えてくる

なかなか理解しづらいかもしれませんが、以前、私の先輩のお坊さんがこんなことをいっていました。

「自分の心を魚の入った水槽だと思いなさい」

水槽は揺すったりかき回したりすると、水槽の底の土が混ざり、中が濁って見えなくなってしまいます。そうなるとどこに魚がいるのか見えません。

では、どうしたら魚を見られるようになるのか。それこそが水槽を「止めて観る」ことだというのです。

水槽を静かな場所に置き、しばらく揺らすことをしなければ、次第に濁っていた水槽の中身が見えてきます。この水槽が自分の心、体だとすれば、坐禅を組み、息を整え、心を落ち着かせれば、自然と物事が見えてくるというわけです。

そんなわけで、この女性には自分の心を安定させる方法として、次のようにお答えしました。

「気持ちを素直に書き出してみるのはどうでしょうか」

悲しい、寂しい、愛している……心の言葉を書き出してみるのです。すると、どんなときにその言葉が出てくるのかがわかります。

ただ「寂しい」といっても、「これから一緒にいられないから寂しい」のか「家の中にひとりぼっちで寂しい」のか「一緒に食事をとれないから寂しい」のか「一緒に寝られないから寂しい」のか、自分自身もわかりません。そういう細かい心の動きをよく見つめて分析してみましょうと提案したのです。

いっぺんに考えてしまうと、それこそ混乱してパニックになってしまいますが、ひとつひとつゆっくりしっかり考えれば、自ずと答えが出てきます。

たとえば「一緒に食事をできないから寂しい」のなら、友だちを誘って外食することで、心の隙間が埋まるかもしれません。「家の中にひとりぼっちで寂しい」のならペットを飼うという選択肢もあります。

その行いは、最愛の人の代わりにはならなくても、生きていくなかで、これまでとは違う新しい時間が生まれてくるはずです。

この女性は六〇代の方でしたが、このような悩みは、若い女性の恋愛にだって共通することです。

恋人と別れたあとに未練を引きずる。カレが他の女性と浮気をしたといって嫉妬に狂う。別れたカレを殺したいほど憎いと思ってしまう……。このような悩みを抱える女性はいくらでもいます。

でも、そんな気持ちで過ごしていたら、人生は絶対に損。心の動揺を止めてよく観てみれば、何が大切かも分かってくるはずです。

禅定②　「愛」と「愛欲」

伴侶も、恋人も「自分と同じ」は大きな誤り

数年前、私たち夫婦で一緒に出演させていただいたあるイベントで、◯×式の質問コーナーに引っ張りだされました。そのときの質問です。

「二人は来世も一緒ですか？」

二人とも答えは見事に「×」。

すると会場がザワザワ。

「またまた冗談ばっかり。どうしてお二人とも×なんですか？」

司会の方は慌てた様子です。でも、答えは簡単です。

なぜなら、仏教徒は死後「極楽浄土」に往生しますし、キリスト教徒は「天国」に行くので、

人間として生まれ変わるということはお互いにないからです。

このような答えに「なにもそんなに真面目に答えんでも！」と、ビックリされた方もいらっしゃったようでした。でも私は大切な夫婦関係だからこそ、お互いのことを真面目に冷静に見る必要があると思うのです。

確かに、勢いやその場の雰囲気で「私たちは来世も一緒です♡」とでも答えれば、お客様は喜ばれるでしょう。しかし、「仏弟子である私」と、「夫はクリスチャンである」という事実は変わりません。

私は、結婚してもお互いは「別の人格」であり、「それぞれ別の人生」があるということを、いつも心に置いておくべきだと思っています。

「なんでも一緒」は愛ではない

先日、ある女性からお悩み相談のメールをもらいました。

女性は敬虔なクリスチャンですが、彼女の恋人は仏教徒。近く結婚することになり、彼女がクリスチャンであることを告白すると、彼はこういったそうです。

「お前は俺と結婚するんだから、将来はもちろん俺の実家の墓に入ってもらう。だからお前も仏教徒になれ」

憲法で信教の自由が保障されている時代に、なんとも時代錯誤な人がいるものだと、なかば呆れたのですが、このような人は意外に多いようです。彼はこういうそうです。

「夫婦とは信仰を一緒にしてこそ愛だ」と。

でも、これでは彼女の気持ちは押し殺され、信仰を強要されているというしかありません。

「なんでも一緒」にしたがるカップルはとても多いのですが、一方的に押しつける「一緒」の関係は「愛」と呼べるものではありません。

私たちが普段「愛」と認識している感情や行いの基になっているのは、じつはキリスト教の説く「愛」で、仏教では「慈悲」と呼ばれるものです。「慈悲」とは慈しみの心。相手を大切に思う心のことです。

相手を自分の所有物のように思う、相手は自分のいうことを聞く存在だと思う――もし、それに従う人がいたとしても、愛する人に対し自分の都合が入るのであれば、それは仏教では「愛」ではなく「愛欲」のことをいうのです。

例えば、趣味嗜好の違う二人がいます。男性はアウトドア派、女性はインドア派。彼女は和食が好きで、彼は洋食が好き。もし、こんな二人が一緒にいられる理由があるとしたら、それはたったひとつしかありません。

「相手を認め合うこと」

私たちは表面的なところさえ妥協しておけば、それを愛だと錯覚してしまうことがあります。**でも、同じところもあれば違うところもあるのが人間です。お互いに真のパートナーとなりたいのなら、違うところは無理に妥協したり、共通点を探しだしたりするのではなく、認め合い、相手の新しい面を発見し合ったりして、新しい自分たちの関係を作り上げていくしかないのです。**

「そんな無理してまで一緒にいる必要なんてないじゃん！」

そんな声も聞こえてきそうですが、相手を好きなら、がんばれるところまでがんばってみるしかありません。

ときには心のなかで坐禅を組んでみてください。

心の落ち着いている女性は、冷静に物事を観て、考え、二人だけの新しい関係を築くことができるはずです。

禅定③　あなたの「主」は誰ですか？

「主人」という〝アブナイ〟キーワード

「うちの主人はね……」

なにかというと、すぐに「うちの主人」を連発する女性がいます。

それを聞くたびに私は心のなかで、ついこう思ってしまいます。

「う〜ン……できれば『夫』という呼び方が理想的だけど……」

というのも、夫のことを「主人」と呼ぶ妻や、妻に自分を「主人」と呼ばせる夫こそが一番危険なタイプなのです。

なぜなら、男女関係は決して「主従関係」ではないからです。でも、「そんなたいそうな意味で『主人』と呼んでなんかいない」という人もいるでしょう。

しかし、言葉の使い方、呼び方ひとつで人の意識や関係性は変わってしまうこともあるのです。夫を「主人」と呼んでいると知らず知らずのうちに妻は「主人」の「従者」になってしまいます。何度もいうようですが、私は常に「男女関係とは本来対等であるべき」という考えに立っています。その関係に「上下」「強い弱い」があってはならないのです。

私が女性に「主人」という言葉を使うことをやめて欲しいと願う理由は二つあります。第3章の「忍辱」の項でも述べた、「慢」の心に陥る可能性があるからです。自分を卑下することで、夫を立てる自分は奥ゆかしい女性であるという「卑下慢」の「慢」に知らず知らずのうちに陥ることがあるからです。

また、もう一つの理由は「夫」自身にも「主人」といういらぬ勘違いを与えてしまうからです。ただ最近では、男性のなかにも「主人」と呼んでほしくない人もいると聞きました。なかなか立派と早とちりをしそうでしたが、そのココロは別のところにあるようです。「主人」と呼ばれることに「責任」を押しつけられているようで、精神的な負担を感じるそうなのです。でも、これもまた別の意味でなんとも情けない話ですね。

「旦那さん」ってどういう人？

では、「旦那」はどうでしょう。実は、これも公の場においてふさわしい言葉ではありませんが、私はときとしてこの言葉を使うことがあります。

というのも、もともと「旦那」という言葉は仏教の古い言葉「サンスクリット語」の「ダーナ」に由来する言葉で、「ダーナ」とは「旦那」以外にも「檀家」という言葉の語源となっています。「檀家」とはお寺に属する檀家さんのことですが、お寺と檀家さんの関係をみてみると、お寺は檀家さんを大切にし、一生懸命檀家さんのために頑張ります。そして檀家さんもお寺を大切にし、一生懸命お寺のために頑張ってくれます。つまり、お寺と檀家さんは、お互いに「なくてはならない間柄」であり、「支え合いの関係」なのです。

仕事も家庭も子育ても、夫と支え合いの生活。だからこそ、私は「旦那」という言葉を気にいっています。

そういうわけで私の家庭では「主人」という言葉は使いませんし、夫婦で参加するイベントや講演会でも、必ず事前に司会者の方に大治朗のことを「団姫さんのご主人の…」という紹介の仕方だけはしないようにお願いしています。あるとき、こんなことをいってきた人がいました。

「じゃあ、団姫の家は、お前が主人なのか」

それも違います。なぜなら夫の「主」は「イエス・キリスト」ですし、私の「主」は「お釈迦様」だからです。

世間はすぐにそういった「枠」にはめたがりますが、あえていうなら、私の家の場合は私が「大黒柱」で、夫は「縁の下の力持ち」なのです。縁の下で支えてくれる人がいなければ大黒柱だって倒れてしまいます。

また、最近では男女同権などと声高に叫ばなくても、結婚相手を「パートナー」と呼ぶ人が増えてきました。なかには「相棒」「相方」という人もいますし、お互いを名前で呼び合う人もいます。

いずれにしても、男女の仲は「主従関係」ではなく「健全で対等な関係」であってほしいと思っています。

禅定④

離婚で幸せになる人、結婚で不幸になる人

離婚って、いけないこと？

「私、離婚して本当によかった」

こんな言葉をよく耳にします。

しかし、私のもとに相談のメールをくださる女性のなかには、夫の暴力や浮気に苦しみながら、なかなか離婚に踏み切れずに苦しんでいる人もたくさんいます。

やっとの思いで離婚を成立させてからは、その苦しみからも解放され、いまは幸せに暮らしているとのお便りをいただいたときなどホッと胸を撫で下ろす思いです。なかには五歳も若返ったように見える女性もいて、まさに心と体は繋がっているのだなということを感じさせられます。

その一方で、結婚生活を続けていればいるほど不幸になるという、まさに「無間《むげん》地獄」を彷徨《さまよ》

っているような女性もいます。

「私にも、自分の思いが未練なのか執着なのかわからないんです。結婚して十年になりますが、主人は数年前から浮気を繰り返し、家を空けることもたびたび。家にいるときは終日、自分の部屋に閉じこもって何をしているのかもわかりません。食事のときも口をきかず、寝室もいまは別々です。

それでも私は、主人と別れたいと思ったことは一度もありません。浮気の相手を憎いと思ったこともなく、ただ、主人には家に帰ってきてほしい。もう一度、私を愛してほしいと願うばかりの毎日です」

三十代後半の女性からのお便りです。

私はいつも、どうしようもない夫との離婚を相談されたときは、こうお答えすることにしています。

「離婚することは決して悪いことではないんですよ。早く苦しみから解放されて、幸せを見つけてください」

でも、前述のような女性の相談には、はたと困ってしまいます。なぜなら、彼女は、離婚したいとは思っていないし、どんなことをしても夫にすがりついていたいというのですから。

彼女も自ら薄々感づいているように、その感情は「執着心」です。このようなお悩みを寄せられる人には特徴的な考え方があるようです。それは「執着していれば、いつか幸せになれる」です。でも、「執着」の先に決して「幸せ」はありません。

ここに曹洞宗の開祖・道元禅師の言葉があります。

「放てば手にみてり」……思いを手放し執着を捨て心を空にすれば、真理と一体となった豊かな境地が手に入る。

道元禅師は、私たちに教えています。

私たちは生きているかぎりいろいろなものに執着をします。でも、手に握りしめていたさまざまなものを一度手から放ってしまってはどうか。すると掌の上には本当に必要なものだけしか残らないものだと。

幸せにたどり着く「新しい道」がある

そう考えれば実に簡単です。執着心のあまりろくでなしの夫や別れた恋人を忘れられずに、「放つ」ことができないでいる女性の掌に残るものは、決して自分が望むような男性たちではないということです。

こうアドバイスすると、なかにはこういってくる人もいます。

「でも、こんなろくでなしの夫ですが、いつかは私の愛に気づいて改心してくれるかもしれない。これも私の修行だと思うのです」

「そう思うのならとことんどうぞ！」とも思いますが、残念ながら、本当に幸せになる道に、ろくでなしは必要ないのです。なぜかって？

「愚か者を道連れにするな」

お釈迦様のお言葉には実にさまざまな教えがありますが、私が知る中でこの教えほどストレートなものはありません。この教えに出会ったとき、大きな衝撃を覚えました。

「愚か者を道連れにするな」……「旅に出るとき、自分より優れた者、自分に等しい者ならば道連れにして良いが、それ以外の者は道連れにしないこと。そのときは、一人で道を行くべきで、けっして愚か者を道連れにすべきではない」

男女が「結婚」という道を歩み始めたとき、それぞれが自分のこと、そして相手のことに対して、良くも悪くも様々な「気づき」を体験します。良いことならいいのですが、欠点や短所などの悪いことに気づいたときは少なからず驚き、「こんなはずじゃなかった」と思うはずです。改善できることはお互いに改善し歩み寄ればいいのですが、なかにはどうしてもお互い譲れないものや、受け入れられない部分もでてくるでしょう。そこで今一度考えてみましょう。

「はたして、彼（彼女）は尊敬できる人間なのか？」

「自分と志を同じくする人間なのか？」

そう自分自身に問うて、そうでなければすぐに結論を出すべきでしょう。今すぐ愚かな彼とはサヨナラして、同じ道を無理して歩かないことです。

今の時代「離婚が恥ずかしい」という人はあまりいなくなりました。むしろ、我慢しているよりさっさと別れて新しい道を歩くという人のほうが多いのです。

あなたの周囲に、こんな人はいませんか？

「結婚」という世間体ばかりにとらわれている「無口な夫」と「やつれた妻」、そして最大の被害者である「無表情な子供」を。

たしかに「子供のために離婚しない」という人もいますが、毎日親のケンカを見せられるより、いきいきと必死に働く親の姿を見ている子供のほうがはるかに幸せなはずです。

今一度、心を安定させ、あなたのパートナーは一緒に道を歩める者かよく考えてみてください。「幸せ」にたどり着く新しい道はあるのです。

禅定⑤　「自利利他円満」という真理

「売り手良し」「買い手良し」「世間良し」

私は落語家ですが、決して趣味で落語をしているわけではありません。「プロ」であり「仕事」ですから、落語で生活をしているわけで「落語をしてお金を稼いでいる」のです。

私たち落語家は、寄席に出ると出演料をいただきます。この出演料はお客様の木戸銭（入場料）から、その日の出演者のキャリアに合わせ割り振られています。

では、お客様はどうでしょうか？　一千円から三千円の木戸銭を払い落語を聴いて大笑いし、なかには涙まで流す方もいらっしゃいます。こうなれば、私たちとしては大成功。お客様に払っていただいたお金以上の笑いを提供できたことになるからです。

落語家も嬉しい、お客様も嬉しい。みんなが幸せというわけです。

あるとき、京セラの創業者である稲盛和夫さんの言葉に触れたことがありました。

「自分が利益を得たいと思ってとる行動や行為は、同時に他人、相手側の利益にもつながっていなければなりません。自分が儲かれば相手も儲かる。それが真の商いというものです」

国内ばかりか海外でも注目される実業家であり、経営者である稲森さんには、とうてい足元にも及ばない私ですが、心のなかで「まさにこれこそが仏教の『自利利他』の教えや！」と快哉を叫んでいたものでした。

だって、落語家も「自分も幸せ、相手も幸せ」な商売をしているのですから。

では「自利利他」の教えとは何か。

仏教では、この精神がその骨格となっています。

ときどき「他人に利益を与えると自分に利益が返ってくる」という解釈をする人がいますが、それは違います。もともとは「自利とは利他をいふ」といい、「利他を実践できることが、そのまま己の幸せである」という意味です。

つまり、見返りを求めない行為であり、そのような行いをできること自体が幸せだというのです。

「忘己利他」はいい出会いの秘訣

「自利利他」のほかに、もうひとつ紹介したい言葉があります。それは、「忘己利他」という言葉です。「もうこりた」と読みますが、「恋愛なんてもうコリゴリ」というような意味ではありません。伝教大師の御言葉です。

「己を忘れて他を利するは慈悲の極みなり」

という意味です。

つまり、自分のことは後回しにして、まずは他人の喜ぶ行いをする。それこそが菩薩の行いで、その先に人々の幸せがあるというのです。

昔、私は電車などでお年寄りに席を譲ることがなかなかできないでいました。理由は「よかったらどうぞ」という声をかけるタイミングがうまくつかめないことと、なんだか恥ずかしい気がしたからでした。たまに「今日は言えそう」という日があっても、「でも、私も疲れてるしなぁ」と結局、自分のことを優先してしまっていました。

そんなときに出会ったのがこの言葉だったのです。もうそのときはカミナリに打たれたようなショックでした。

以来、電車のなかでお年寄りに席を譲ることになんの恥ずかしさもなくなりました。お年寄りは喜んでくれますし、私もとてもサワヤカな気分になります。

こんな気持ちで過ごせたら、毎日が快適であることはいうまでもありません。

男女の関係も同じです。

「この人と一緒にいられることが最高に幸せ！」

そう思える人とのめぐり合いの秘訣が「自利利他」「忘己利他」の実践にあるのです。

第6章　幸せになれる教え「六波羅蜜」その⑥…智慧《ちえ》

怒りや怨みを捨てて「自分の人生」を切り拓く

智慧①　「恋愛地獄」から抜け出すために

「心ひとつ」で悩みは消える

「カレとは一年前に別れたんですが、まだ忘れられないんです。できることならもう一度はじめからやり直したい……。でも、もうカレには新しい恋人がいる。毎日が苦しくてたまりません。カレを憎むようになりました」

恋人と別れて一年もたつのに、未練に縛られたまま新しい一歩を踏み出せないでいる三〇代前半の女性。

別れを引きずるのは、女性よりも男性のほうが多いともいわれますが、この女性のように、いつまでも過去にこだわって生きている女性がいるのも事実です。これでは新しい出会いも生まれません。楽しいはずの人生を無駄に過ごすことになってしまいます。

どうしたらこのような「恋愛地獄」から脱出できるのでしょうか。

前章では、心の安定をはかることの大切さを「止観」という言葉で紹介しました。読んで字の如く、自分の心の動きや有り様を「止めて観る」ことですが、失恋に悩む女性に当てはめてみれば、失った恋に悩み苦しんでいるのなら、ここは「一度自分の心をしずめて、見てみよう」ということです。

そのための修行として坐禅を組む。そして心の動揺を止めて物事の真実を見つめなおし、物事を正しく観察する。たとえ坐禅をしなくても、不動の心で真実を見直せば、それまで見えなかった風景だって見えてくるようになるのです。

その真実を見直す力となるのが「智慧」なのです。

「智慧」は六破羅蜜の六番目の教えですが、私たちが日頃使っている「知恵」とは、ちょっと意味合いが違います。

・「知恵」……誰もが人生において悩んだり苦しんだり、大きな障害にぶつかることがあるでしょう。そんなとき学問などを通じて学んだ知識を駆使して困難を乗り越えていきます。その力が知恵です。苦労すればするほど、またその壁を乗り越えていくほど身についてくるのが「知恵」といえるでしょう。

・「智慧」……「坐禅止観」の「観」にあたるのが「智慧」です。「観」は物事を真理に則して正しく観測するということです。その力をつけるのです。

仏教学者の中村元先生の『新・佛教辞典』によれば、智慧の解説の締めくくりには「最も深い意味での理性と考えてもよい」とあります。「理性」とは、感情や情動などと対比して用いられる言葉です。

つまり、智慧＝理性的になる＝感情や情動に振り回されない精神力を養う、ということなのではないでしょうか。

人間には自分の力だけではどうにもならないことや、どうしても解決できないことがあります。そのために迷い悩みます。それらを解決しようとすれば、その問題の原因を認識し、納得しなければなりません。

例えば冒頭の三〇代女性の恋愛の悩みを解決しようとすれば、まずは自分の心の「弱さ」と向き合わなくてはなりません。

別れたカレを憎んだり、妬んだり、その相手の女性を不幸にしてやりたいと願う心と向き合い、それを自力で正し律していく。とても辛いことですが、その修行そのものが「智慧」なのです。

恋愛は「知恵」でなく「智慧」でするもの

よく「頭がいい人」といわれる人がいます。一流大学を卒業し、なんでもよく知っていて知識がたくさんある人です。

でも、そんな人になるには、勉強をいっぱいすればいいだけのことです（といいつつ、私は勉強が苦手ですが……）。コンピュータなどはとても頭がいいですね。知識がたくさん詰まっています。こうして身についたものは「知恵」と呼びます。

学校の勉強がよくできる人のなかには、理屈だけでとてもドライに物事を割り切る人がいます。物事は「白か黒か」「善か悪か」「1＋1＝2」と考えがちの人。でも、ときには常識に欠け愚かなことをしてしまうこともあります。

一方、学校の勉強なんてまったくできなかったのに、社会に出てからは大きな会社の社長になったり、さまざまな分野でリーダーとして活躍している人がいます。これらの人たちの多くは、優れた智慧を多く持っています。

そうできるのは、あまり理屈で考えなくても無意識のうちに善悪の判断ができたり、すべての行動や判断の基準が「善」に基づいているからなのです。

つまり、人として「あの人は賢いなぁ」と思わせるものの正体こそが、「智慧」だということです。どうしたら、この『智慧』を見つけることができるのでしょうか。禅の言葉にこんな言葉があります。

「修証一如」……「修行」をしている瞬間こそが、「悟り」である

私たちは「修行」を沢山するからこそ、その先に「悟り」がある、というふうに考えがちです。でもこの「修証一如」という言葉はそんなイメージを覆してくれます。つまり「修行している瞬間こそが悟りである」といっているのです。

例えば私は結婚した当時、周りからいわれて腑に落ちなかった言葉があります。それが「今が一番いいときですね」。また、一児の母となった現在、ブログなどに子供の写真をあげると「今が一番可愛いときですね」といわれます。

しかし私にとっては夫と過ごすどの瞬間もベストな時間ですし、昨日の息子も今日の息子も「最

高」に愛おしく、また明日の息子も最高に愛おしいであろうと思います。

愛する夫と子供との時間の先に幸せがあるのではなく、いまを生きているその時間こそが、すでに幸せなのです。

私たちには生まれつき与えられた顔と、体と、環境が人それぞれありますが、その人生の中でいかにベストを尽くして過ごすのか、それが「智慧」にかかってくるのです。

だからこそ、仕事でも恋愛でも、あなたがあなたのままでベストを尽くす。そのための「智慧」を身につけなければなりません。

智慧②　「小さな幸せ」に目を向けてみる

「アタリ」はどこにでもある

私が少し前に刊行させていただいた『人生が１００倍オモシロくなる仏の教え』（柑出版）という本があります。

実はこの本、私自身も刷り上がってきてビックリしたのですが、文字が全て朱色で印刷されているのです。これは編集さんのイマドキのオシャレな感覚でしていただいたものなのですが、この本を手に取ってくれた中高年の方のなかから「読みにくい」というお声が、今も事務所に寄せられることがあるのです。

今年の春のことです。その件でびっくりするほどの怒りを電話口でぶつけてこられた方がいました。出版社の意向なので私の事務所ではどうすることもできません。とにかく説明して謝るしかなかったのですが、先方さんの怒りは収まらず、電話が切れたあと、私とスタッフさんはどっと疲れてしまいました。

その翌日のことです。事務所の電話が鳴りました。スタッフさんが「また書籍についての電話だったらどうしよう…」と思いながら、おそるおそる電話に出ると、やはりその直感は当たっていました。

「はい、露の団姫事務所です」

「すいません……『人生が100倍っていう本』を買わせていただいたものなんですが……ちょっとお聞きしたいことがあるんですけどいいですか？」

「申し訳ございません……文字の色のことでしょうか？」

「あ、そうなんです！」

そして、それに続いた言葉が驚きです。

「実は、本を開いたら文字が朱色だったんですが…もしかして、私、〝アタリ〟ですか？」

「アタリ⁉」

そう、なんとこの電話をくださった方は、本を開いて朱色の文字を見た途端に「なんでこんな読みにくい色にすんねん！」と怒ったのではなく、それを「ええ⁉　なに、この本！　文字が赤い！　私、〝アタリ〟なの？　ヤッタ！」と思われたようなのです。

決してこの本には〝アタリ〟などありません。けれども、この方には、本当に何か〝アタリ〟のプレゼントをしたくなるくらい、私もスタッフさんも心救われる出来事でした。

この件を通してひとつ教えられたような気がしました。

それは、同じ物事でも見方によって心持ちがこれだけ違うということです。

たとえば、目の前にあるごく普通のケーキを「美味しい」といって食べる人と、「なんやのこのケーキ、ナンボしたん？」と文句をいいながら食べるのとでは、前者のほうがはるかに幸せな気分になれるのは当然です。これは「智慧」の一つの形です。

「智慧」は常に前向きな心のあり方です。

すべての物事を「ハズレ」ではなく「アタリ」ととらえる。どんな出会いも、どんな経験も肯定しながら感謝していくこと。「プラス思考」という言葉が流行ったことがありますが、これも幸せになるための智慧なのです。

また、仏教では「バランス」というものをとても大切にします。これは偏ったものの見方をしない、ということです。

誰にも「長所」と「短所」がありますが、もしある人が他人の短所に気づかずにいて、長所だけを見ていたとします。ところが、あるとき短所に気づいてしまうと、耐えられないほどの嫌悪感をいだいてしまうかもしれません。場合によっては、その結果、きちんと他人の現実を見ようとせずに現実から逃げることになってしまうかもしれません。

また、長所に目を向けず短所ばかり見ていれば、いつも心はすさみ、幸せからどんどん遠ざかっていくでしょう。

本当にその人と人生を共にしようとするなら、その人の長所も短所もありのまま見ること、そしていったんはそれを受け入れてみることでしかはじまらないのです。

智慧③　無駄な経験なんてひとつもない！

私が経験した2つの恋愛

「もうあんな人と付き合わなきゃよかった。付き合っていた時間を返して！」

恋人と別れて、こんなことをいう人がいます。でも、過ぎた時間は戻ってきません。

はたして人生に「無駄」ということはあるのでしょうか。

人と人の出会いは「ご縁」です。たとえ恋が成就しなくても、ご縁があって出会った人と過ごした時間は、決して無駄な時間ではないのです。

その時間を無駄にしない「智慧」について考えてみましょう。

恥ずかしいのですが、ちょっとだけ私の恋愛経験にお付き合いください。

「結婚しているのに、過去の恋愛の話、しちゃっていいの？」

そう思われる方もいらっしゃるかもしれませんが、私は悪いことだとは思いません。過去を隠すということは過去を否定することです。でも、私にとって過去の恋愛は「無駄ではなかった」と肯定しているからお話しできるのです。

テレビで一度だけお話ししたことがあるので、ご存じの方もいるかもしれませんが、実は、私は落語家の修業があけてから夫と結婚するまでにお付き合いした男性が二人いました。

一人は大学院生で、歴史や宗教、戦争といったテーマの研究をしている人でした。もう一人はサラリーマン。私はこの二人の男性とのお付き合いから学んだことがあります。

「無駄なことなど一つもない」

大学院生の方とお付き合いしていた頃、彼が研究の関係で出入りしていた勉強会に私も興味があり、一緒に参加してみたことが何回かありました。するとそこで、私の仕事に大きな影響を与えてくれることになる、あるお坊さんと知り合うことができたのです。

このお坊さんとの出会いは彼とのご縁があったから。そして、そのお坊さんとのご縁がなければ、今、私がさせていただいている活動は、またちょっと違ったものになっていたかもしれません。大学院生との出会いのおかげで、私はそれまで自分の興味のなかった分野を知ることもできました。そして、出会うべきお坊さんとも出会えました。だから今では単純に「彼とは恋愛というご縁ではなく、私のご縁の幅を広げてくれるご縁であったのだ」と感じています。

また、サラリーマンの彼と付き合ったときは、「恋愛にもやはり条件はある」という現実がとてもよくわかりました。というのも、それまでは「お互いに好きならきっとどうにかなる」という感覚で恋愛をしてきましたが、そのとき初めて、世間様のいう「条件」がわかったのです。

特にそれを感じたのは、お互いの仕事の時間帯でした。私たち落語家は、お客様に見に来ていただける時間帯、つまり平日の夜や土日に落語会をすることが多いので、必然的に「9時から5時」の方とは真逆の仕事時間になってしまいます。

すると、デートをする時間がありません。私は平日のお昼なら一緒に食事に行くことは可能ですが、サラリーマンの彼は、私と一緒に食事をしようとすれば夜でなければ時間が取れません。土日もしかり。結局、お付き合いをはじめたものの一緒にどこかに出かけたのは二、三度で、こちらはすぐに破局してしまいました。彼のことは好きでしたが、「会えないなら思い切って結婚してしまおう」とも思えませんでした。そして、いつの間にかなんとなく「それだけのご縁だったのかなぁ」と、妙に納得してしまったのです。

ここで分かったことは「好きだけでは付き合えない、結婚できない」ということでした。私自身、そして相手の方もさまざまな条件の中で生きているわけです。やはり、その条件に合うか合わないかも、恋愛には重要な要素だということが痛いほど分かったのです。

でも、そういうことすら彼と付き合わなかったら、私は一生気づかずにいたかもしれません。ほんの小さな「気づき」かもしれませんが、どんな恋愛だって無駄な恋愛などというものはないのです。

微力ながら続けている私のお悩み相談の際にも、この経験はとても役に立っています。

「悪縁」だって立派な「ご縁」

「出会いはご縁だ」というお話をさせていただきましたが、仏教では、出会いばかりかすべての物事は「偶然」に起こることではなく「必然」、「ご縁」ととらえます。

人と人が出会うのも、その人と人との間に必然的な何かがあるから、仏様がめぐり合わせてくださっていると考えるのです。「運命の赤い糸で結ばれている」なんて言い方をしますが、赤い糸の正体はご縁です。

はじめは愛してくれていたのに、手ひどく裏切られて傷ついたりすれば「あんな人と出会わなければよかった」と思うことだってあるでしょう。これも仏様がめぐり合わせてくれた結果なら、なんて仏様はひどいことをなさるのか。「神も仏もない」なんていいたくなるのもわかります。

こんな出会いは「悪縁」と呼べるものです。

でも、そのときは「悪縁」だと思うかもしれませんが、「悪縁」だって立派な「縁」のひとつ。たとえ別れても、それを未来の幸せの糧にしてしまえば、もう自分のものです。

人間は、過去を消しゴムのようなもので消して何もなかったことにはできません。消してしまいたいと思うような過去でさえ、その過去も含めて今を生きて行かなければならないのです。

だからこそ、すべての経験を生かしていく「智慧」を身につけなければなりません。

どんな恋愛だってすべてがうまくいく恋愛なんてあるはずはありません。もはや言い古された言葉ですが、「出会いがあるから別れがある。別れがあるから出会いがある」のです。「別れ」を不幸と思うのは勝手ですが、それよりも「別れても幸せだったと思える恋愛」をするほうがよっぽど健康的です。別れた後に胸を張って生きられる恋愛だったらいいじゃないですか。

数年前、私が川柳会で詠んだ句です。

偶然を「ご縁」と呼んで開く道

智慧④　怨みに対して、怨みで報復しない

「怨み」という厄介な感情との付き合い方

「傷の深さは愛の深さ」

そんな言葉があります。愛が深ければ深いほど、別れたときの傷は深いものとなります。

そして、別れたあとに相手を怨む人がいます。

もちろん、別れの際に笑顔で別れられる人はなかなかいません。お互いに不都合な事実があって別れるのですから、それぞれに嫌な思いをして当然です。

とくに女性の場合、男性に悔しい思いをさせられた（浮気された、貸したお金が戻ってこない、暴力を振るわれたなど一方的なことが原因）なら、怨んでも怨みきれないのは当然かもしれません。なかには怨みのあまりに仕返しをする人だっています。ストーカーになる、職場に嫌がらせの電話をする、相手の家族に嫌がらせをする。その挙げ句、事件に発展することだってあります。

さて、お釈迦様だったらこんな人にどのような「智慧」を授けてくれるのでしょう。

最古の仏教の教典のひとつに「法句経」（ダンマパダ）というお経がありますが、そのなかでお釈迦様は、こんな言葉を残されています。


「怨みは怨みをもって息《や》むことなし」

（怨みに報いるに怨みを以てしたならば、ついに怨みの息むことがない）


人が人を怨むということは、わずかなきっかけひとつではじまります。

このとき「お前が悪い」「いやお前のほうが悪い」と言い争っていると、問題は何ひとつ解決しません。それどころか、ますます怨みの度合いは強くなるばかりです。

そんなときは、とにかく「怨みを断ち切る」ことだと、お釈迦様は説いているのです。

そうしなければ、永遠に不幸が続くのだと。

いつまでも忘れられない憎しみの心。その原因をすべて相手に求めても、解決することはありません。

団姫式「怨みを断つ方法」

私自身が実践している「怨みを断つ具体的な方法」を紹介します。

私もお坊さんではありますが、一人の人間です。時にはハラワタが煮えくり返るような思いをすることだってあるんです。

告白します。私自身、過去に三人、『絶対に許せない！』と思った人がいました。いずれの三人に対しても「怨み」「憎しみ」を断つまでに一年半から二年ほどかかったものです。

「坊さんの怨みは恐ろしい」

そう思われる方もいらっしゃるかもしれません。しかし、これはあくまでも未熟な私の話です。ほかのお坊さんは立派な方ばかりですから、念のため申し上げております。

相手とのどんな出来事、相手のどんな仕打ち、どんな言動に対して怨みを抱いたかは、事細かくはお話ししません。ひと言でいえば、その人の「やること、なすこと」が私の「怨みの素」になっていたといっても過言ではありません。その期間というのは非常にストレスが溜まったものです。

しかし、一度ならず、二度、三度とそういう経験をしているうちに、思い出したのが、お釈迦様の「怨みは怨みをもって息むことなし」という言葉でした。そこで、私は一日も早く怨みを断つ方法を研究することにしたのです。

結果、「怨みを断つ方法」を編み出しました。

① 自分が一日に何度、怨みに思っている「あの人」のことを思い出して怒りを感じたか、紙に回数を書き出してみる。

② 執念深い私は、怒りが始まった初日から三日目くらいまでは「一日一〇回」。ところが、四日目あたりになると「一日七回」に減っています。ここで自分を「エライ！　エライ！」と褒めてあげます。

③ ここで発奮します。「一日七回に怒りが鎮まったのだから、明日は五回に挑戦してみよう」と「怒りの間隔」を広げていく努力をします。

④ そのうち「怒りの間隔」は三日に一回、一週間に一回、一月に一回、半年に一回となります。もうそのころには、意外にも「怨み」は消えているものです。

最近は、お悩み相談にも「怨み」を捨てきれない女性からのメールが寄せられますが、みなさんにはこの方法をお伝えしています。そして、日に一度メールで「今日は何回あの男のことを思い出した」と報告してもらうことによって、一緒に怨みを断ち切る作業に取り組んでいます。短い人で三か月、長い人でも一年くらいですが、効果は抜群です。

一度に怨みを断ち切るということは、至難の業です。

でも、昔から何かしらの目標を達成できる人は、そのハードルを細かく、低く設定するといいます。怨みの間隔を少しずつあけて、その怨みに心を支配される時間を減らしていけば、必ず怨みを断ち切ることができますよ。

智慧⑤「クヨクヨ」はなんの「供養」にもならない

「善悪」の基準はどこにあるのか

「告白します。こんなことをいうと団姫さんに嫌われてしまうと思いますが、じつは昨年、中絶をしました。私は産みたかったのですが、彼からこういわれました。

『まだ結婚する気持ちもないし、子供を作るタイミングでもない。中絶の費用は出すから……』と。でも、その日から毎日、自分のお腹に宿っていた命に申し訳なさを感じますし、友達にそのことを相談したら『人殺し。信じられない。私なら産む』といわれました。どうしたらいいでしょうか。私は人殺しです」（23歳、ＯＬ）

こんなショックなメールを、年に何度かいただきます。

日本は世界に類を見ない「中絶大国」です。中絶は決しておススメできることではありません。

しかし、さまざまな事情があって中絶をしなければならない女性がいます。大切なのは、中絶をした女性への心のケアなのですが、それがあまりにもないがしろになっている現実に、心が痛みます。

メールの女性は、中絶をした自分自身のことを「悪」と呼び、人にも「悪」と呼ばれる日々を生きています。これは特別なことではなく、私たちの日常生活のなかによくみられることなのです。

しかし、物事の「善悪」の基準とは意外に曖昧なものでハッキリしません。その理由は、「もしも自分だったらどうしただろう」という、当事者の立場に立った前提もなしに物事の善悪を口にする人が多いからです。「立場が変わるんだから、意見が変わって当然でしょう」というわけで、実に無責任な考え方です。そんな人たちに「悪」と決めつけられるのですから、たまったものではありません。

「中絶」という結果だけをとらえて、その原因をただ単に「男女の肉体的な快楽ゆえのもの」という人も多いようですが、実際に中絶する女性の声を聞いてみると、こんな声が聞こえてきます。

「経済的に余裕がなく子育てできる環境でもないが、避妊に失敗してしまった」

「精神的にどうしても無理」

「産みたくないのに夫の実家から子供を産むことを強要された」

「『女の子ならいらないから堕ろせ』と姑に言われた」

「自分が虐待をされて育ったので母親になる自信がないが、夫にそう言っても理解してもらえない」

「夫が避妊してくれない」

実にさまざまです。夫婦間であっても肉体関係を強要されるということはDVですから、それは絶対に許されることではありません。

「悪」ではなく「善」に変われる「不善」ととらえる

中絶をし、自らを「悪」と思い、周囲からも「悪」と責められる女性。これでは悲しみの癒えることはないでしょう。

仏教では、物事を「善」「悪」に分けるのではなく、「善」と「不善」と説かれることが多いように思います。読んで字の如く「善」は善いこと、「不善」は善くないという意味です。

「悪」というと百パーセント救いようのない、どうしようもないものという感じですが、「不善」

は違います。その後「善」へも進路を変えられる希望のあるもの、という考え方をします。中絶は決して「善」とはいえませんが、やむを得ずそうした選択を余儀なくされた女性は「悪」と決めつけず「不善」というとらえ方をしてみてはいかがでしょうか。

仏教では「殺す」ことを禁じています。それは「中絶によってお腹の赤ちゃんを殺さない」ということも意味します。しかし、個人的な考えですが、妊娠・出産によって「自分自身の魂を殺してしまう」女性がいることも知ってほしいのです。

つまり、出産して子育てをするより、もっと人間としての可能性を追求してみたい。仕事をしたい、海外に出たい、ひとつの道を歩みたい……さまざまな夢に生きたいと願う女性たちがいるということです。

そのような女性にとって「望まない妊娠・出産」は、自分自身の魂を殺してしまうことになりかねません。そして、もっと恐ろしいのは、そうした選択を余儀なくされた女性が、悩み、苦しみ、平常心を失い、結果として生まれてきた新しい命をも殺すことになってしまうかもしれないということです。

これこそが「望まない妊娠・出産」の因縁が生む「悪」であり、より多くの命と多くの魂を傷つけるものなのではないでしょうか。

中絶を経験した女性のなかには、一度ならず二度三度という人もいます。
「不善」を「善」に変えていくような生き方をするためには、強い意思と努力が必要です。まずは、避妊は相手任せではなく自分で責任を持ってする。当たり前すぎる話ですが、いくら男女関係は対等といっても、妊娠するのは女性です。結果、傷つくのは女性です。
そして、絶対に忘れてならないのが、生まれずにあの世に行った子どもたちの魂のことです。
水子供養をするのもいいでしょう。私に相談のメールをくださる方のなかには、ご夫婦で、あるいは恋人同士で「月に一度、水子供養のお寺にお参りにいっている」という方々も少なくありません。

クヨクヨは、なんの供養にもなりません。

産むことのできなかった命にきちんと向き合い、誰に強制されるわけでもなく「祈る」という行為が、不善を浄化させていき、供養にもなるのです。

仏教の教えは「反省」の気持ちにはじまる「懺悔」と、「感謝」や「おかげさま」といった心を軸とする「祈願」が大きな二本柱です。

己の過去の「不善」を認め反省し、「善」に向かって一心に祈り、「善」を行えば、きっと新しい人生を切り拓くことができます。

人間、過去を捨てることはできません。それならば、未来へ向けるしかないのです。
どんな過去も、生きているから、生きてきたからこそあるのです。

あとがき　『六波羅蜜』で幸せになる！

生きづらい社会を生きるために

思えば、私自身が仏教に出会った十五歳のときから、日常生活において一番分かりやすく、一番励まされてきた教えが『六波羅蜜』の教えであったように思います。

「布施」「持戒」「忍辱」「精進」「禅定」「智慧」という六つの努力の教えは弱虫で怖がりの私の足を、まっすぐに立たせてくれました。

六波羅蜜という教えは、相手があってはじめて成り立つ魂の修行です。どんな恋愛も相手があってはじまることですから、恋愛は六波羅蜜を実践することができる「修行」ともいえるでしょう。

現代は、とても「生きづらい」社会です。それは障がい者にとっても、子どもにとっても、お年寄りにとってもですが、特に女性においては、その能力や活躍が認められにくく、結婚もしにくい、子育てもしにくい、パートナーともうまくいかない――まさに「苦」だらけの社会で生きているようです。

そして、この「生きづらさ」には当てはまりそうもない「働き盛りの男性」が、実は一番自死する方が多いといわれているわけですから、結局、この世の中、ほとんどの人が性別や年齢、環境を問わず「生きづらさ」を感じていることになります。

これでは「みんな」で作っているはずの社会であるのにもかかわらず、その被害者が「みんな」になってしまいます。

なぜ私は「女性」に生まれてきたか

仏教では「因縁」を説いています。

私自身、小さい頃から幾度となく悩んできました。

「あ～、女性なんて面倒くさい。なんでこんな生きにくい性である『女性』に生まれてきたの！誰か教えて！」

そして、そんな悩みのなかで出会ったのが仏教でした。

仏様の智慧を知った今では、その因縁を前向きにとらえ、こう考えるようになりました。「女性の生きづらさは仏教の智慧で生きやすくできるんや！　私は、そういうことをみなさんにお伝えするために女性として生まれてきたんや」

そう、女性という「生きづらい性の当事者」になったからこそ、私は男女差別について考え、DVで悩む女性と対話し、産む苦しみ、産めない苦しみに立ち会ってきました。

そこで知り得たものを「女性の苦しみの解放に役立たせる」ことが、私が女性である「因縁」であると考えています。

僧侶は伴侶です

人生のパートナーを「伴侶」といいます。そして、私たち仏弟子であるお坊さんのことを「僧侶」といいます。どちらも同じ「侶」という字を使いますが、この文字には「共に一緒に連れ立つ仲間」という意味があります。

だからこそ、真の伴侶を見つけることができれば、そのパートナーはあなたの魂の仲間となるわけです。もし、困ったときは私たち僧侶にご相談ください。お釈迦様の智慧に触れていただければ、その智慧もあなたと共に歩むあなたの仲間になります。

お釈迦様の智慧を味方につけてしまえば、もう怖いことなどありません。

なぜなら、お釈迦様は苦しみをなくしてくれるのではなく、苦しみを苦しみと思わない智慧を授けてくれるからです。

私たちはみんな幸せになる権利があります。幸せになるために生まれてきています。美人に生まれたから幸せ、ブスに生まれたから不幸というわけではありません。自分の持ち場で、いかに自分の花を咲かせることができるか、すべてはそこにかかっているのです。

それなのに、いつの間にか「喜び」であったはずの恋愛が「苦しみ」に変わってしまった――。それならば「苦しみ」の原因を見つけて、恋愛を再び「喜び」に変えたい。

この本は、そんな思いを込めて書きました。お釈迦様の智慧が少しでもあなたの心に届いたなら幸せです。

私のお悩み相談で一番多く受け付ける言葉を、最後にご紹介しましょう。

「私でも、幸せになれますか？」

私はこう答えます。

「はい、あなたも必ず幸せになれますよ」

著者プロフィール

露の団姫（つゆの　まるこ）

1986年生まれ。上方落語協会所属の落語家。
高校在学中に人生指針となる法華経に出会う。落語家になるか尼さんになるか悩む中、落語の創始者、初代・露の五郎兵衛が僧侶であり、説法をおもしろおかしく話したことが落語の起源と知る。高校卒業後、初代・露の五郎兵衛の流れを組む露の団四郎へ入門。３年間の内弟子修行を経て主に古典落語・自作の仏教落語に取り組んでいる。2011年、天台宗で得度。2012年、比叡山行院で四度加行を受け正式な天台僧となる。年間250席以上の高座と仏教のPRを両立し全国を奔走する異色の落語家。夫は太神楽曲芸師である豊来家大治朗氏。
著書に『プロの尼さん　～落語家・まるこの仏道修行～』（新潮新書）、『法華経が好き！』（春秋社）、『人生が100倍オモシロくなる仏の教え』（椎出版）などがある。

「いい恋」「いい愛」と生きる 幸せの心得

「六波羅蜜《ろくはらみつ》」が導いてくれます！

2016年10月30日　初版第１刷発行

著　者　露の団姫
発行者　瓜谷 綱延
発行所　株式会社文芸社
〒160-0022 東京都新宿区新宿1－10－1
電話 03-5369-3060（代表）
03-5369-2299（販売）

印刷所　図書印刷株式会社

ISBN978-4-286-18034-2